SV

Anna Kim

GESCHICHTE EINES KINDES

Roman

Suhrkamp

Die Arbeit am vorliegenden Buch wurde vom
Deutschen Literaturfonds e.V. gefördert.

Erste Auflage 2022
Originalausgabe
© Suhrkamp Verlag AG, Berlin, 2022
Alle Rechte vorbehalten. Wir behalten uns auch
eine Nutzung des Werks für Text und Data Mining
im Sinne von § 44b UrhG vor.
Umschlaggestaltung: any.way, Hanke, Hamburg
Satz: Satz-Offizin Hümmer GmbH, Waldbüttelbrunn
Druck: CPI books GmbH, Leck
Printed in Germany
ISBN 978-3-518-43056-9

www.suhrkamp.de

Als Autorin werden mir von Zeit zu Zeit Geschichten geschenkt, Geschichten, die mehr sind als Geschichten, Geschichten, die Welten in sich tragen. Auf einem solchen Geschenk basiert das vorliegende Buch, man könnte sagen: auf einer wahren Begebenheit, *oder:* ihm liegt die Kindheit eines Menschen zugrunde. *Es ist ein äußerst kostbares Geschenk, eines, das einen verantwortungsvollen, respektvollen Umgang verdient. Ich habe versucht, dem gerecht zu werden, indem ich die Vergangenheit unverändert, unbeschönigt dargestellt habe, gerade, was ihren Wortschatz betrifft. Nicht, um zu verstören oder zu verletzen – die Verstörung, Verletzung lässt sich, dies ist mir bewusst, nicht verhindern –, sondern um jenen, die bereits verletzt, verstört sind, ihr Recht zurückzugeben, über den Schmerz zu bestimmen. Dieser liegt jedoch, und das ist mir wichtig zu betonen, nicht in der Vergangenheit. Obwohl wir gewisse Wörter, Begriffe abgeschafft haben, haben wir es doch nicht geschafft, uns von den Ideen zu trennen, die ihr Innerstes, ihren Kern bilden. Somit riskieren wir, wenn wir Geschichten wie diese weitergeben, auch einen Blick auf die Unterseite der Sprache: auf ihre Kehrseite.*

A. K.

Und wenn alle Räume unserer Einsamkeit hinter uns zurückgeblieben sind, bleiben doch die Räume, wo wir Einsamkeit erlitten, genossen, herbeigesehnt oder verraten haben, in uns unauslöschlich.

Gaston Bachelard, *Poetik des Raumes*

Im Jänner 2013, kurz nachdem Barack Obamas zweite
Amtsperiode begonnen hatte, reiste ich in den Mittleren
Westen der USA, nach Wisconsin. Ich war vom St. Julian
College eingeladen worden, das Sommersemester als *Writ-
er in Residence* in Green Bay zu verbringen. Untergebracht
war ich in der Gästewohnung der Universität, die sich im
Erdgeschoss des Verwaltungsgebäudes befand, in einem Be-
tonquader aus den siebziger Jahren; die Einrichtung stammte aus den Achtzigern, die Klimaanlage aus den Neunzi-
gern. Seit den Nullerjahren konnte man die Fenster nicht
mehr öffnen, sie aus den Angeln zu heben oder gewaltsam
herauszureißen waren die einzigen Optionen, um der Luft
zu entgehen, die unaufhörlich durch das Gitter geblasen
wurde, gemeinsam mit Staub, Rost und fein zerfallenen
Rattenexkrementen. Manchmal hörte sich das Rauschen
der Klimaanlage an wie Autolärm, selten wie das Tosen von
Wellen, meistens fraß sich der monotone *Gesang* in meinen
Gehörgang, attackierte von dort aus mein Gehirn. Nur im
Badezimmer war es leise, ausgerechnet hier hatte die Belüf-
tung ihren Geist aufgegeben.

Nach einem Monat beschloss ich, dem Hinweis einer
mir wohlgesinnten Kollegin folgend, eine gewisse J. Truttman aufzusuchen, die angeblich Zimmer vermietete –
ausschließlich wochenweise.

Seit Tagen schneite es ohne Unterlass. Der Schnee fiel uner-
müdlich, unerbittlich, überdeckte das von Menschenhand
Erbaute, löschte es aus. Die breiten Straßen waren verlassen,
die sporadische Anwesenheit von Leben schien unbe-

absichtigt, einmal nur brummte ein Schneepflug an mir vorbei.

Ich war zu Fuß unterwegs; ich hatte mich nicht dazu durchringen können, ein Auto zu mieten. Da sämtliche Markierungen von einem dichten Weiß geschluckt worden waren, konnte ich es mir aussuchen, wo ich mich bewegen wollte, ob auf der Fahrbahn oder auf dem Gehsteig; ich setzte meine Fußspuren stets auf unberührte Flächen. Neben den vom Himmel schwebenden, gleitenden und rieselnden Flocken waren mein Stapfen und Atmen die einzig vernehmbaren Geräusche, keine Menschen, keine Tiere, keine Autos, nicht einmal der Wind regte sich. Mir kamen die Worte Bachelards in den Sinn: *Von allen Jahreszeiten ist der Winter die älteste.* Ich wandelte sie ab in: Von allen Jahreszeiten ist der Winter die jüngste. Sie bringt Kindheit in die Erinnerung, setzt alles auf Anfang.

Ich brauchte lange, um J. Truttmans Haus zu finden. Unter den zweistöckigen Betonbauten mit flachen Dächern und großer Einfahrt, denen die Holzhäuser, Farmhäuser, in den fünfziger Jahren des letzten Jahrhunderts hatten weichen müssen – man hatte die *family homes* eigens für die aus dem Krieg heimgekehrten Veteranen gebaut –, stach es zwar heraus mit seiner hellblau getünchten Holzverkleidung, dem Wintergarten, der einst eine Veranda gewesen war, und dem Mansardenzimmer, das auf dem Dach thronte wie eine Krone. Die Hausnummer aber versteckte sich hinter einem Ahorn, weshalb ich die Woodlawn Avenue mehrere Male auf und ab schreiten musste, um sicherzugehen, dass ich den Pfad, der zum Haus führte, auch mit gutem Grund betrat. Ich fühlte mich beobachtet, glaubte, obwohl ich niemanden dabei ertappte, überwacht zu werden; zudem war das Grundstück der Truttmans das einzige, das umfriedet war, ein Jägerzaun und ein Schild zeigten dessen Grenzen an: *No Trespassing*.

Ich hatte mich verspätet. Als ich an der Tür klingelte, verfluchte ich den Schnee, jegliche winterliche Romantik war verflogen. Ich dachte, Sie kommen nicht mehr, sagte J. Truttman statt einer Begrüßung und mir die Hand reichend: *I'm Joan*; ihr *you* fühlte sich an wie ein *Sie*. Ich auch, brummte ich und stellte mich mit Franziska vor.

Can I call you Fran? Sie sah mich fragend an. Ich nickte und spähte an ihr vorbei ins Wohnzimmer, wo es nach Butter, Vanille und Zimt duftete. Sie sind also die Autorin aus Österreich, sagte Joan. Wieder nickte, noch immer spähte ich. Sie grinste.

Dann kommen Sie mal rein.

Coffee Cake nannte sich das himmlisch duftende Gebäck, und es kam mit so vielen Tassen heißem Kaffee, wie ich trinken konnte. Nach der ersten fühlte ich meine Hände wieder, nach der zweiten meine Füße, auf die Zehen musste ich noch warten. Am Ende der dritten Tasse einigten wir uns darauf, dass ich noch am selben Tag einziehen würde, Joan versprach, mich hin und her zu chauffieren. Ich unterschrieb den Mietvertrag, ohne das Zimmer gesehen, ohne das Kleingedruckte gelesen zu haben. Es reichte mir zu wissen, dass es im *Cuckoo's Nest* wohltuend still war.

Die Stille war, wie ich bald nach meinem Einzug merkte, das Gestaltungsprinzip des Hauses: Nichts durfte laut, gar schrill sein, nichts hervortreten. Das Radio, das in der Küche stand, schwieg unter der Woche, nur am Wochenende war es ihm erlaubt zu sprechen. Das Gerät war so alt wie ich, funktionierte trotz allem einwandfrei, wenn man davon absah, dass die Musik gedämpft klang. Dem Platten-

9

spieler im Wohnzimmer fehlte die Nadel und dem Kassettendeck die Kassette, Joan glaubte, sie weggeworfen zu haben, konnte sich aber nicht mehr daran erinnern. Die einzigen Geräusche, die im Haus zu hören waren, kamen von draußen: das Zwitschern der Vögel, die in den Büschen und Bäumen im Garten lebten, das Brummen von Motoren, das aufgeregte Plaudern der Nachbarn (besonders Ada Berkins' unermüdlicher Sopran bohrte sich in die Stille).

Das akustische Ödland spiegelte sich im Farbschema der Innenräume wider. Die Einrichtung war grün, braun und beige, wobei die Teppiche grün waren, die Möbel braun (von Natur aus oder in einem Braunton lackiert) und sämtliche Textilien und Tapeten beige. Die Tische, Stühle und Regale schienen alterslos, da sie keine Verzierungen aufwiesen, sie waren zusammengezimmerte Holzbretter. Die Teppiche und Vorhänge wiesen ebenfalls keine Muster auf, sie wollten reine Flächen sein. Die Couch imitierte den Tisch in seiner Formlosigkeit, versuchte sich als braune Bank. Die Tapete war im Laufe der Jahre nachgedunkelt, ich vermutete von Polarweiß über Naturweiß zu Beige. Auch meine Vermieterin hielt sich an die Hausfarben, vergeblich war ich auf der Suche nach schillernden Farbtönen oder ausgefallenen Schnitten. Sie besaß offenbar bloß schlichte Hosen und Röcke, die sie mit den immer gleichen Blusen und Westen kombinierte.

Zuerst dachte ich, dass das Bauwerk seine Bewohnerin infiziert, sich Joan dem Diktat der Stille gebeugt habe. Mit der Zeit aber begann ich zu begreifen, dass es genau umgekehrt war: Sie war es, die dem Haus ihr Verständnis von Ordnung aufgezwungen hatte. Ihre zerbrechliche Gestalt, ihr dünner Hals, die mageren Arme und Beine, die feinen silbrig weißen Haare und ihre zarte blasse Haut standen im Gegensatz zu ihrer dunklen, kräftigen Stimme, die immun gegen jede Art von Widerspruch war und während des Sprechens sogar noch an Festigkeit gewann; in ihren Augen aber lag eine Unsicherheit, die mich überraschte und berührte.

Anfangs genoss ich die Stille. Ich entdeckte, dass sie aus Geräuschen und Tönen besteht, aus Klängen, die sich zu Melodien zusammenfügen und einem Rhythmus unterliegen; dass Vorhersehbarkeit wesentlich für ihre Genese ist und es möglich ist, dem Etwas zu lauschen, das dem Nichts verwandt ist. Dass sie der Ort ist, an dem sich das Flüchtige festhalten lässt, länger als einen Augenblick.

Ich fühlte mich frei, befreit, sobald ich das Kuckucksnest betreten, die Treppe in den ersten Stock erklommen hatte. Ich genoss es, der Welt den Rücken zuzukehren, sie auszusperren, und ich beschloss, mein Büro im Institut nicht länger aufzusuchen, es erschien mir absurd, ein solches Geschenk in den Wind zu schlagen. Drei Stunden pro Woche, jeden Dienstag von fünf bis acht Uhr abends verbrachte ich in der Universität, die restliche Zeit war ich im Kloster, wie ich Joans Haus bald nannte, die Anwesenheit der Klosterfrau hörte ich zwar nicht, fühlte sie aber; ich hätte wissen müssen, dass diese spezielle Art des Glücks nicht halten würde. Es dauerte nicht lange, und ich meinte, vom Stillstand erdrückt zu werden. Mich frei im Haus zu bewegen erschien mir nicht bloß ungehörig, sondern verboten, *No Trespassing*, die Worte hatten sich in mein Gehirn gebrannt. Ich meinte, die Wände kröchen beständig näher, mein Zimmer wäre ein Turmzimmer und das Fenster der einzige Ausgang; dass eine Tür existierte, entfiel mir. Wenn ich nun das Treiben um den kahlen Apfelbaum im Garten beobachtete, dann nicht, um der Krähe zuzusehen, wie sie von einem Ast zum andern flatterte, sondern weil ich meinte, der Baum sei eine Brücke zur Außenwelt.

Vielleicht hatte sich Joan Sorgen um mich gemacht, später vertraute sie mir an, eine entfernte Cousine leide an Schizophrenie, Wahnvorstellungen gehörten zum Alltag ihrer achtzigjährigen Tante; vielleicht aber war es auch einfach eine freundliche Geste, dass sie an jenem Nachmittag im Februar an meine Tür klopfte, um mir ein Geschenk zu überreichen, *Welcome Home* stand auf der beigelegten Karte. Für dich, sagte sie, unruhig von einem Fuß auf den anderen tretend. Normalerweise lasse ich mir Zeit beim Öffnen, schüttle das Päckchen, betrachte ausgiebig das Muster auf dem Papier. Die Zeitspanne vor dem Auswickeln, und sei sie noch so kurz, ist für mich ein winziger Ausschnitt der Welt der Wunder, alles scheint möglich; Joan machte mich allerdings so nervös, dass ich mich genötigt sah, die Verpackung aufzureißen.

Es war ein gerahmtes Bild: zwei Goldfische (Koi) in einem Teich unter herabhängenden Kirschblütenzweigen. Die Künstlerin sei chinesische Amerikanerin, sagte Joan, und früher Bakteriologin gewesen. Miss Wang habe in Kalifornien an einer Ivy-League-Universität studiert, sich im Alter von fünfzig Jahren jedoch für eine künstlerische Laufbahn entschieden, *Chinese Brush Painting* und 3D-Bilder geben ihrem Leben neuen Sinn. 3D?, fragte ich verwirrt. Joan schmunzelte. Eine spezielle Brille brauchte ich nicht, um es zu betrachten. Sie deutete auf die Fische, deren Körper nicht gemalt, sondern aus Papier geformt und aufgeklebt waren. Es erinnert mich an Origami, dich nicht?

Mich erinnerte es an Glückwunschkarten, trotzdem nickte ich und stellte das Bild auf die Kommode; das Dottergelb und Feuerwehrrot stachen aus der Umgebung hervor. Es müsste in deinen Koffer passen, sagte Joan und ließ sich zu meinem Verdruss auf der Bank nieder, die am Fußende des Bettes stand, selbst gerahmt ist es nicht groß; sie betrachtete mich, als sei auch ich ein Bild, ein Bild ohne Koi, wenngleich nicht minder kurios.

Ich wusste nicht, was ich antworten sollte, so hielt ich mich an meinem Lächeln fest.

Joan lockerte ihren Blick. Sie sagte, ich habe an dich denken müssen, als ich es sah. Und nach einer Pause (die sie zum Anlauf nutzte): *I imagine, it must be lonely.*

Sie wusste, dass ich an einem Roman arbeitete, sie hatte eine Schreibtischlampe für mich vom Speicher geholt, ich erwiderte daher, Schreiben sei einsam, aber, beeilte ich mich hinzuzufügen, vielleicht seien es jene, die die Einsamkeit suchen, die das Schreiben finden.

Sie sah mich überrascht an, dann lachte sie, das habe sie nicht gemeint. Sie habe gemeint, es müsse schwierig sein, weit und breit die einzige Asiatin zu sein. In Green Bay seien die meisten ursprünglich aus Europa – Deutschland, Belgien, Polen und Irland. Ihre Großeltern etwa seien aus dem Osten Irlands nach Amerika gekommen. Sie habe immer davon geträumt, die grüne Insel einmal zu besuchen, *the Emerald Isle*, sie habe gehört, die Gesänge der Irischen See seien unvergesslich. Sie verstummte, und ich dachte schon, wir hätten das Thema abgehakt, als sie sagte: In Österreich leben vermutlich auch nicht viele Asiaten. Ich antwortete, ich sei in Wien geboren, ich fühle mich in etwa so asiatisch wie sie.

Sie musterte mich misstrauisch. Das glaube sie mir nicht, rief sie endlich aus, den Wurzeln entkomme man nicht –

ich sei doch gemischt, oder? Sie betrachtete mich erneut, kürzer diesmal, und kam zu dem Schluss, dass meine *hohen Wangenknochen*, die Form meiner Augen (das so genannte *Mandelformat*) und meiner Nase meine ethnische Herkunft, zumindest den dominanten Teil, verrieten. Natürlich, fuhr sie fort, meine Haare seien leicht gewellt und mittelbraun, zudem nicht so dick und fest, die Länge, das heißt die Kürze, mache es jedoch schwer, eine genaue Bestimmung vorzunehmen, und, murmelte sie, ich sei größer und langgliedrig, doch sie irre sich selten, japanisch würde sie ausschließen, ebenso chinesisch, sie kniff ihre Augen zusammen, sei ich Koreanerin? Die Koreaner sähen den Europäern noch am ähnlichsten. Sie resümierte (ohne meine Antwort abzuwarten): Ich sähe aus wie eine koreanisch gefärbte Europäerin. Oder, fragte ich, wie eine europäisch angemalte Koreanerin?

Sie lachte.

Exactly.

Ihr Lachen provozierte mich. Mein Vater, ließ ich mich zu einer Erklärung hinreißen, die sich wie eine Rechtfertigung anfühlte, stamme aus Österreich, meine Mutter aus Südkorea.

Joan hob beschwichtigend ihre Hände. Ich dürfe sie nicht falsch verstehen, sie spreche keineswegs als Ahnungslose, sondern als Eingeweihte: Ihr Mann Danny sei in der gleichen Situation wie ich. Er sei der einzige Afroamerikaner in Green Bay, zumindest fühle sich das so an.

Wieder blickte sie mich forschend an – oder Hilfe suchend, da ich beharrlich schwieg? Ich wusste nicht, in welcher Form ich an diesem *Austausch* teilhaben sollte; ich hatte den Eindruck, meine Rolle sei die des Publikums und als solches wäre ich unbeteiligt.

Als sie den Faden wiederaufnahm, war ihre Stimme leise. Sie sagte, es sei wichtig, eine Gruppe zu haben, zu der man gehöre, der man sich zugehörig fühlen könne. *Don't you agree?*

Herkunft sei nicht die alleinige Bedingung für Zugehörigkeit, wandte ich ein. Sie schüttelte den Kopf. Danny habe sich immer schwer damit getan, der Einzige zu sein. Er sei der einzige Schwarze im Kindergarten gewesen, der einzige in der Schule, der einzige in der Arbeit, und er habe viele Jobs gehabt, so viele. Nun sei er der einzige Schwarze im Pflegeheim. Ach nein, verbesserte sie sich, es gebe noch einen zweiten, einen ganz jungen, Jonah, der nach einem Autounfall alles neu erlernen müsse, essen, gehen, sprechen. Jonah und Danny hätten einen ähnlichen Therapieplan, sagte sie, aber Danny werde wahrscheinlich früher entlassen werden, deshalb vermiete sie dieses Zimmer nur wochenweise. Sobald er wieder zu Hause sei, brauche sie keine Gesellschaft mehr. Sie verzog ihr Gesicht zu einem wehmütigen Lächeln. Ohne ihn sei es einsam.

Einzig durch sein Licht ist das Haus menschlich. Ein feiner Lichtstrahl fiel durch das staubblinde Glas, bahnte sich seinen Weg zur Raummitte. Joan stand langsam auf. Zuerst mied sie meinen Blick, dann besann sie sich und passte ihn ab. Sie sagte, ich frage mich, ob ich nicht auch vor seiner Krankheit einsam war, einsam mit ihm.

Seine Einsamkeit war ansteckend.

Aus der Akte des Sozialdienstes der
Erzdiözese Green Bay

13. 07. 1953

Telefonat m. Sr. Aurelia: Am Sonntag, den 12. Juli,
kam gegen 22 Uhr eine junge Frau mit starken Wehen
in die Notaufnahme. Kurz nach Mitternacht gebar sie
ein 3,2 kg schweres Kind. Sie gab ihm den Namen
Daniel. Der Arzt, der die Entbindung vornahm, war
Dr. Karl Schreiber. Mutter und Kind sind wohlauf.
Miss M. Winckler (MW) wurde mit dem Fall betraut.

14. 07. 1953

Besuch/Krankenhaus St. Mary: Der Name der Kindsmutter lautet Carol Anne Truttman. Sie war höflich,
aber schroff. Sie erklärte, dass sie den Knaben
zur Adoption freigeben wolle und er auf die
Kinderstation verlegt werden könne, sobald die Ärzte
dies gestatten.
Miss Truttman wohnt zurzeit in der Kellogg Street 223
in Green Bay, Wisconsin. Sie wurde am 11. Februar 1933 in
Green Bay geboren, ist 20 Jahre alt und ledig. Sie
besucht regelmäßig die Messe in der Kirche St. Mary in
Green Bay. Ihr Vater, Joseph Truttman, starb vor fünf
Jahren an Darmkrebs. Ihre Mutter, Anne Bellin (seit 1949
verheiratet mit Mr. Nicholas Bellin), lebt auch in
Green Bay (St. Baird Street 1556). Die Familie stammt aus
Österreich und Deutschland.
Sie hat drei Geschwister, zwei Brüder und eine
Schwester; sie ist die Zweitälteste. Max ist 21 Jahre

alt und arbeitet in der Wood Preserving Company. Walter
ist 19 Jahre alt und Student am St. Julian College
in Green Bay. Olivia ist 13 Jahre alt und besucht die
St. Mary Junior Highschool in Green Bay. Max und
Walter sind Junggesellen.

Miss Truttman hat die St. Mary Highschool in
Green Bay abgeschlossen. Seither arbeitet sie als
Telefonistin bei der Bell Telephone Company in
Green Bay. Sobald sie aus dem Krankenhaus entlassen
wird, möchte sie diese Tätigkeit wiederaufnehmen.
Da sie es jedoch versäumt hat, sich krankzumelden, hofft
sie, dass die Stelle in der Zwischenzeit nicht
vergeben wurde.

Carol Truttman ist ca. 1,60 m groß und 70-75 kg schwer.
Sie ist hellhäutig und hat ein rundlich begrenztes
Gesicht mit einem spitzen Kinn. Ihre Stirn ist
zurückweichend und kurz. Die Nase ist eher breit, die
Obernase leicht flach; sie mutet wie eine Knopfnase
an. Der Mund ist groß, die Lippen sind voll. Das Haar ist
schulterlang, die Haarfarbe braun, die Haarform weit-
wellig. Die Augeneinbettung ist tief, die Augen sind
klein, rund und hellbraun, die Wimpern kurz.

Den vollständigen Namen des Kindsvaters kennt sie
nicht. Sie weiß nur, dass er mit Vornamen George
heißt. Er ist angeblich 23 oder 24 Jahre alt und
unverheiratet. Sie vermutet, dass er in Chicago lebt.
Über seine Familie ist ihr nichts bekannt.

Sie haben keine Heiratspläne, sie sind bloß „ein paar
Mal" miteinander ausgegangen. (Miss Truttman erwähnte
nicht, wie oft.) Das erste Treffen kam über die
Vermittlung von Bekannten zustande. Sie sagte zuerst
„Freunde", verbesserte sich dann.

In dem Moment betrat ihre Mutter den Saal. Anne Bellin ist eine noch jung wirkende, attraktive Frau, die ältere, schmälere Version der Tochter. Sie war geschmackvoll gekleidet und äußerst höflich. Sie bedankte sich, dass wir ihrer Tochter behilflich sind. Mrs. Bellin bekräftigte, dass der Säugling zur Adoption freigegeben werden soll. Sie ist ebenfalls damit einverstanden, dass er so bald wie möglich auf die Kinderstation verlegt wird.

Mrs. Bellin und ihrer Tochter wurde erklärt, mit welchen Kosten sie zu rechnen hätten und wie in etwa das Verfahren zur Aufgabe der Elternschaft ablaufen würde. Es wurde vorgeschlagen, es so bald wie möglich – in etwa zwei Monaten – zu eröffnen. Weder Mrs. Bellin noch Miss Truttman erhoben Einspruch.

Für eine Untersuchung des Kindes war weder Zeit, noch war dies nötig.

(MW/JE)

(Handschriftliche Anmerkung v. JT: Die Mitarbeiter des Sozialdienstes diktierten ihre Berichte den Stenotypistinnen June Everson/JE und Betty Young/BY.)

03.08.1953

Telefonat m. Sr. Aurelia: Laut Schwester Aurelia besitzt der Truttman-Säugling Körpermerkmale, die auf eine indianische Abstammung hinweisen könnten. Es ist allerdings noch zu früh, dies zu beurteilen. Das Kind ist erst drei Wochen alt.

Schwester Aurelia erklärte, sie werde die Entwicklung des Kindes im Auge behalten.

31. 08. 1953

<u>Telefonat m. Sr. Aurelia</u>: Die Schwester war so aufgeregt, dass es schwierig war, sie zu verstehen. Offenbar haben die Schwestern Aurelia und Geneviève das Kind in den letzten Wochen genauestens beobachtet und mehr als einmal eingehend untersucht. Gemeinsam sind sie zu dem Schluss gekommen, dass seine Körpermerkmale eher denen eines Negers entsprechen als denen eines Indianers. Das Kind, betonte Schwester Aurelia, weise „mit Sicherheit" Merkmale auf, die nicht normal seien.

MW versuchte, die Schwester zu beschwichtigen. Sie sagte, dass Dr. Denys Daniel demnächst untersuchen werde, und schlug vor, den Befund des Psychiaters abzuwarten. Außerdem würde sie den Knaben in Bälde selbst in Augenschein nehmen.

Schwester Aurelia war mit dieser Vorgangsweise einverstanden. Sie warnte MW jedoch, dass sich unter diesen Umständen die Suche nach geeigneten Adoptiveltern schwieriger gestalten werde. Mit Mischlingskindern kenne man sich hier nicht aus, das habe es noch nie gegeben: Daniel Truttman sei ihres Wissens nach der erste Mulatte, der in Green Bay geboren wurde.

(MW/JE)

01. 09. 1953

<u>Untersuchung D. Truttman, Krankenhaus St. Mary</u>: Das Kind ist 7 Wochen und 2 Tage alt. Der allgemeine Gesundheits- und Ernährungszustand ist als sehr gut zu bezeichnen. Es war bisher noch nicht krank.

(Es ist allgemein bekannt, dass der amerikanische Neger, wenn überhaupt, nur von einer leichten Form der Masern und Diphtherie befallen wird. Erkrankungen an Scharlach und Windpocken verlaufen gleichfalls relativ harmlos. Allerdings soll er häufiger als der Weiße unter Erkrankungen der Atmungsorgane leiden.)

Nasenform: Die Nasenbreite des Kindes liegt zwischen den Werten der größten (negriden) und geringsten Nasenbreite (europiden), ist somit mittelbreit. Bekanntlich nimmt der Nasenindex mit zunehmendem Alter stark ab, was auf das im Verhältnis zur Breite viel stärkere Wachstum der absoluten Nasenhöhe zurückzuführen ist. Der amerikanische Neger ist nicht nur im kindlichen Stadium, sondern auch als Erwachsener ebenso mittelbreitnasig wie der Durchschnittseuropäer.

Hautfarbe: An der Beugeseite des linken Oberarms, die den Umwelteinflüssen (etwa Sonne) am geringsten ausgesetzt ist, wirkt das Kind hellhäutig. Seine Augenlider, Brustwarzen und Achselhöhlen sind jedoch stärker pigmentiert als der Rumpf. Dieser ist dunkler als die Gliedmaßen (an der Beugeseite). An den seitlichen Stirnpartien sowie in der Nackengegend gibt es Anhäufungszentren von Pigment.

Hiermit sei darauf hingewiesen, dass die Innenflächen der Hände und Füße hell sind.

Augenfarbe: Beim Kind wurde eine braune Irispigmentation festgestellt. Der Gesamteindruck der Iris ist von einer strahlenden Klarheit und Tiefe. Hinzu kommt ein deutlich bläulicher Außenring. Eine Negerfalte an den Augen ließ sich (noch) nicht feststellen. Die meisten amerikanischen Neger stammen aus Westafrika, die Negerfalte sollte bei ihnen stark ausgeprägt sein.

Haarfarbe: Die Haarfarbenklasse ist braun, die Haarform (soweit erkennbar) straff.

Lippenform: Die Lippen sind (eher) fleischig.

Missbildungen: Da in der Literatur wiederholt die Vermutung geäußert wird, dass bei Rassenmischung mit vermehrten Disharmonien zu rechnen sei, wurde besonders auf solche geachtet: Es ließen sich keine Missbildungen feststellen.

Conclusio: Weder negride noch indianide Einflüsse sind auszuschließen. Es ist eine bekannte Tatsache, dass der amerikanische Neger nicht dem gebürtigen Afrikaneger gleichzusetzen ist. Er stellt eine Auskreuzung dar, dessen Grundkomponente die negride geblieben ist, in der aber europide und einige wenige indianide Einflüsse ihren Niederschlag gefunden haben. 22% der amerikanischen Neger sind unvermischt, etwa 51% weisen einen europiden und 27% sowohl einen europiden als auch indianiden Einschlag auf.

Vor den nächsten Schritten sollte der Test des Psychiaters abgewartet werden.

14.09.1953

Telefonat m. Dr. Denys: Der Intelligenzquotient des Kindes wurde gemessen. Der Psychiater stellte zusammenfassend fest, dass dessen IQ mit 120 überdurchschnittlich hoch sei. Für ein endgültiges Ergebnis bat er darum, den zweiten Test abzuwarten.

Zur Rasse des Kindes wollte er sich nicht äußern. Dies sei bei Mischlingen oftmals problematisch. Daraufhin wurde Miss Truttman angerufen und für Montag, den 21. September, um 9 Uhr ins Büro bestellt.

Legende:

<60: debil

70-79: grenzwertig

80-89: unterer Durchschnitt

90-109: Durchschnitt

110-119: oberer Durchschnitt

120-139: überdurchschnittlich intelligent

>140: Genie

(MW/JE)

21. 09. 1953

Termin/Miss Truttman und Mrs. Bellin, 9 Uhr: Miss Truttman kam in Begleitung ihrer Mutter zum heutigen Termin. Beiden Frauen wurde erklärt, dass wir Schwierigkeiten hätten, die Rasse des Säuglings ein- deutig zu bestimmen. Es scheine sich aber um ein Mulattenkind zu handeln. Dr. Denys schließe sich der Vermutung an.

Wider Erwarten blieben Empörung und lautstarker Protest aus: Miss Truttman reagierte verhalten, ebenso ihre Mutter. Mrs. Bellin erklärte, der Kindsvater sei auf Besuch in Green Bay gewesen, allerdings habe sie Bekannte, die mit ihm befreundet seien. Von ihnen könne sie seinen Nachnamen und seine Herkunft erfahren.

Miss Truttman schwieg, während dies erörtert wurde. Sie hat abgenommen, ist jedoch nach wie vor plump.

Plötzlich platzte es aus ihr heraus, dass der Vater des Kindes polnisch sei und sein Nachname „ganz sicher" mit der Silbe „-ski" ende. Sie betonte auch, dass seine Gesichtszüge „grob", seine Lippen „wulstig", seine Haut „brauner als unsere" und seine Augen und Haare „dunkelbraun, fast schwarz" seien. Außerdem sei er groß (etwa 1,80 m), schlank, aber kräftig (zw. 90 und 100 kg), und er habe bereits Geheimratsecken. Sie schwöre, er stamme aus Polen.

Dies gab uns die Gelegenheit, die Geschichte der Familie Truttman zu erfragen. Mrs. Bellin, geborene Burkard, sagte aus, auf mütterlicher und väterlicher Seite deutscher Abstammung zu sein. Mr. Truttman stamme auf mütterlicher und väterlicher Seite aus Österreich. Beide Familien, Burkard (Burkhardt?) und Truttman (Trauttmann?), wanderten im 19. Jahrhundert nach Wisconsin ein. Carol könnte, bei näherer Betrachtung, slawische Gesichtszüge besitzen.

Es wurde mit größtmöglichem Nachdruck erklärt, dass wir mehr Informationen über den Vater benötigen, ehe wir die Suche nach geeigneten Adoptiveltern in Angriff nehmen können. Es sei unser Ziel, Kinder und Eltern zusammenzubringen, die innerlich und äußerlich zueinander passen. Im besten Fall sei kein Unterschied zwischen den Adoptiveltern und den Kindern bemerkbar: Wir erschaffen Familien, die natürlich, von Gott gewollt, wirken. Nur so können wir das Glück dieser Kinder garantieren.

Mrs. Bellin gab sich verständig. Sie versprach, die fehlenden Informationen bald nachzureichen.

22. 09. 1953

Telefonat m. Sr. Aurelia: Sie ist nun wieder davon
überzeugt, dass sich unter den Nachfahren der Truttmans
„mindestens ein Indianer vom Stamm der Winnebago"
befindet. Carol sei halb indianisch, beim Knaben lägen
die Dinge anders. Seine Gesichtszüge empfindet sie
als zu grob für einen Indianer. Es sei durchaus möglich,
dass das Kind wie ein Farbiger aussehe, weil sein
Vater grobe slawische Gesichtszüge besitze.
MW versprach, diese Bedenken an Miss Murphy weiterzugeben. In der Zwischenzeit möge die Schwester
Dr. Merline um eine genaue Untersuchung des Kindes
bitten. Er solle besonderes Augenmerk auf die
Rasse richten. Schwester Aurelia versicherte, sie
werde dies sofort arrangieren.

*(Anmerkung v. JT: Miss Margaret Murphy war die Leiterin des
Sozialdienstes der Erzdiözese Green Bay, Dr. Charles Merline der
Kinderarzt im Krankenhaus St. Mary.)*

28. 09. 1953

Telefonat m. Mrs. Bellin: Kurz vor Büroschluss meldete
sich Mrs. Bellin; sie war in Eile und meinte, sie könne
nicht lange reden. Ihr Mann sei von der Existenz des
Enkelkindes nicht unterrichtet.
Sie erklärte, dass der Kindsvater definitiv polnisch
sei, in Chicago lebe und sein Name Sebinski (oder
Sobinski/Sobieski?) laute. Mehr habe sie nicht heraus-
finden können.

29. 09. 1953

Besprechung m. Dr. Merline, Dr. Schreiber, Dr. Denys, Krankenhaus St. Mary, 9 Uhr: Dr. Merline, Dr. Schreiber und Dr. Denys haben das Kind gründlich untersucht. Sie hegen den Verdacht, dass es Negerblut in seinen Adern hat. Die Gesäßzeichnung changiere zwischen olivfarben und hellbraun, was ein Hinweis auf eine gemischte Elternschaft sei.
Mehr könne man ihrer Meinung nach noch nicht sagen - Kinder seien im Allgemeinen rassisch undifferenzierter als Erwachsene -, doch Dr. Denys werde in einer Woche einen weiteren Intelligenztest durchführen.

(MW/JE)

06. 10. 1953

Besprechung/Dr. Denys, Krankenhaus St. Mary: Der zweite Test hat ergeben, dass Daniel Truttmans IQ 118 beträgt. Er ist seit dem letzten Test gefallen. Dr. Denys schloss daraus, dass der Knabe einmal dazu fähig sein sollte, eine höhere Ausbildung abzuschließen.
Im Durchschnitt sei die Intelligenz der Negerkinder um zwei Prozentpunkte niedriger als die weißer Kinder.

07. 10. 1953

Hausbesuch/C. Truttman: MW suchte Carol zu Hause auf, um sie mit dem Verdacht der Ärzte zu konfrontieren. Diese Vorgangsweise war mit Miss Murphy abgesprochen. Carol hat ein Zimmer bei Mrs. Trude Rentmeester gemietet. Mrs. Rentmeester ist eine etwa 60 Jahre alte, schlanke und große Dame mit einer sehr hellen, fast weißen Haut und schmalen hellblauen Augen. Ihre langen weißen Haare trägt sie zu einem Knoten aufgesteckt.

Mrs. Rentmeester bessert ihre Witwenrente auf, indem sie die drei Zimmer, die sie nicht nutzt, an alleinstehende, arbeitende Frauen vermietet. Die Einnahmen seien nicht hoch, aber ausreichend.

Viel könne sie von den jungen Frauen ja nicht verlangen, erklärte sie.

Da Carol noch nicht von der Arbeit zurückgekehrt war, bot Mrs. Rentmeester MW eine Tasse Kaffee im Wohnzimmer an. Das Haus wirkte äußerst ordentlich und gepflegt: Ein Strauß frischer Blumen aus dem Garten stand auf der Anrichte, die Kissen und Polster dufteten frisch, auf dem Bücherregal fand sich kein bisschen Staub.

Mrs. Druwiski, eine Polin, komme jeden Tag zum Kochen, Putzen, Bügeln und Waschen. Das war zu erwarten, die Kellogg Street befindet sich in einer guten Gegend. Zum Kaffee reichte Mrs. Rentmeester Gewürzkekse, eine Spezialität aus ihrer Heimat Belgien.

Sie kenne das Mädchen schon seit vielen Jahren, sagte sie, für sie sei Carol noch immer das siebenjährige Kind mit der großen Zahnlücke, das beim Klavierabend der Musikschule weinend von der Bühne gelaufen sei. „Ein solch goldiges Mädchen", sagte sie, „herzensgut und sanft. Aber schüchtern, mein Gott, wie schüchtern!" Dass Carol ein uneheliches Kind auf die Welt gebracht habe, schockiere sie, sie hätte dies vielen jungen Frauen zugetraut, aber nicht ihr. Andererseits gehe ja schon seit längerem eine Art „Epidemie" im Lande um. Seit dem Ende des Krieges kämen so viele uneheliche Kinder wie noch nie auf die Welt. In allen größeren und kleineren Städten würden Häuser für unverheiratete

Frauen eingerichtet, in denen die Frauen unter ärzt-
licher Aufsicht und ungestört gebären würden.
Mrs. Rentmeester wiederholte mit vielsagendem Blick:
„Ungestört." In dem Moment betrat Carol das Wohnzimmer.
Sie war überrascht und ganz und gar nicht erfreut, MW
zu sehen – sie zitierte sie sofort in ihr Zimmer. Trudes
freundliche Einladung, eine Tasse Kaffee mit ihr zu
trinken, ignorierte sie.
In ihrem Zimmer herrschte Unordnung. Auf dem hölzernen
Stuhl neben der Tür lag ein Haufen ungewaschener
Kleidung. Der Kleiderschrank war halb geöffnet, und
Strümpfe, Büstenhalter, Blusen und Rockzipfel ragten aus
dem Spalt. Statt sich für das Chaos zu entschuldigen,
beschuldigte sie MW, unerlaubterweise in ihr Heim
eingedrungen zu sein. Die Sozialarbeiterin habe kein
Recht, bei ihrer Vermieterin Erkundigungen über
sie einzuholen. MW verteidigte sich und versicherte ihr,
dass sie dies nicht getan habe, was Carol etwas zu
beruhigen schien. Diese Pause nutzte MW, um ihr vom
Verdacht der Ärzte zu erzählen, woraufhin sich
Carol kleinlaut auf ihrem Bett niederließ; MW bot sie
keinen Sitzplatz an. Niemals habe sie mit einem
Neger verkehrt, beteuerte sie mit geröteten Wangen, das
müsse man ihr glauben. Aber sie sei „ein Jahr lang"
mit einem gewissen Maynard Helnore ausgegangen. Maynard
habe eine eher dunkle Hautfarbe. Diesen Gerald
(nicht George!) Sebinski, den sie ursprünglich als Vater
angegeben habe, kenne sie noch nicht lange.
Unser Angebot, Mr. Helnore zu kontaktieren, wies sie
zurück. Sie wolle nicht, dass ihn ein Mitarbeiter des
Sozialdienstes mit dieser Nachricht überrasche.
Nachdem ihr ins Gewissen geredet und auseinandergesetzt

worden war, weshalb es so wichtig sei, die Vaterschaft
eindeutig festzustellen, meinte sie, sie werde darüber
nachdenken und am Montag, den 12. Oktober, um 9 Uhr ins
Büro kommen.

Nach ihrer Beziehung zu Österreich und Deutschland
befragt, reagierte Carol überrascht, gab aber bereit-
willig Auskunft, dass sie nicht viel über diese Länder
wisse, ihre Eltern hätten kaum über die alte Heimat
gesprochen. Die Frage, ob sie als Kind Deutsch gelernt
und gesprochen habe, verneinte sie. Sie kenne diese
Sprache nur aus Filmen.

Es wurde von weiteren Nachfragen abgesehen. Die
Entwurzelung, an der die junge Frau leidet, ist spürbar.
Möglicherweise ist dies die Ursache für die außer-
eheliche Schwangerschaft.

12. 10. 1953

Termin/C. Truttman, 9 Uhr: Soeben erteilte Carol dem
Sozialdienst die Erlaubnis, Maynard Helnore anzu-
schreiben. Momentan leiste er seinen Militärdienst in
Georgia ab, sie werde uns seine Anschrift noch
diese Woche telefonisch durchgeben, sie habe sie nicht
bei sich.

MW brachte Carol auch dazu, zu versprechen, ihr Leben
in Ordnung zu bringen. Ihren konfusen Schilderungen war
zu entnehmen, dass sie hoch verschuldet ist, die
Unordnung in ihrem Zimmer spricht Bände. Sie ist ein
leichtfertiges, naives Ding; dass sie einmal unschuldig
gewesen sein soll, leuchtet ein. Sie muss einem
verderblichen Einfluss ausgesetzt gewesen sein. MW
erklärte Carol so eindringlich wie möglich, dass

sie sich ändern müsse, ansonsten werde sie wieder in ähnliche Schwierigkeiten geraten.

Zunächst verfehlten die Worte ihre Wirkung, doch nach einer Weile begann Carols Fassade zu bröckeln, interessanterweise zeitgleich mit dem Rot der Lippen: Je mehr der Lippenstift abfärbte, desto unsicherer wurde sie. Sie hat die Angewohnheit, sich den Mund kirschrot anzumalen, im Krankenhaus war dies noch nicht in dem Ausmaß sichtbar, ebenso wenig wie ihr Drang, sich herauszuputzen.

Es ist zu hoffen, dass Carol zur Vernunft gekommen ist. Jedenfalls gelobte sie (weinend), sie werde sich bessern, jeden Sonntag in die Messe gehen sowie jeden Monat einen Scheck über 15 Dollar an das Krankenhaus St. Mary schicken.

(MW/JE)

16. 10. 1953

Besuch/Krankenhaus St. Mary: Daniel Truttman ist 13 Wochen und fünf Tage alt. Laut Schwester Aurelia ist er ein ruhiger Säugling, weint oder schreit selten. Gelacht habe er noch nicht. Da er keinen Besuch erhalte, liege er die meiste Zeit in seinem Bett. Er trinke und schlafe gut, und in den Stunden, in denen er wach sei, sei er „äußerst neugierig".

Bei genauer Betrachtung scheint seine Hautfarbe heller geworden zu sein. Leider war es unmöglich, ihn zu untersuchen, da er schlief. Sein Haar ist nach wie vor braun und straff, und obwohl seine Lippen fleischig sind, könnte er sowohl polnischer als auch farbiger Abstammung sein.

19. 10. 1953

Telefonat m. Mrs. Rentmeester: Da wir bis Freitag
vergeblich auf Carols Anruf warteten, wurde
Mrs. Rentmeester gebeten, Miss Truttman auszurichten,
dass sie am 22. Oktober um 9 Uhr im Büro erwartet
werde.

20. 10. 1953

Besuch/Dr. Ford, Gerichtsmedizinisches Institut Green
Bay: Seines Erachtens gibt es keine wissenschaftliche
Methode, um eindeutig festzustellen, ob das Kind farbig
ist. Die einzigen Klassifikationsmerkmale seien die
Haarform und Haarfarbe, die Beschaffenheit (Dicke) der
Lippen, die Nasenform sowie die Pigmentierung und
Farbe der Fingernägel. Er meinte aber, vor Jahren einen
Artikel über Rassenbestimmung gelesen zu haben. Da er
ihn nicht sofort finden konnte, versprach er, nach ihm
zu suchen und sich später telefonisch zu melden.

Telefonat m. Dr. Ford, Gerichtsmedizinisches Institut
Green Bay: Dr. Ford rief am späten Nachmittag an und
erklärte, dass der Artikel bereits 1932 in einem
Fachmagazin erschienen sei und es in ihm um einen
Gerichtsfall (Raubüberfall) gehe. Die Frage der Rassenbestimmung habe jedoch keine Auswirkung auf den Fall
gehabt und die Ergebnisse der Untersuchung seien nicht
eindeutig gewesen.

Er schlug vor, zu warten, bis das Baby älter sei, da die
Körpermerkmale von Negern mit der Zeit deutlicher
würden. Seiner Ansicht nach ist es möglich, dass das
Kind polnischer Abstammung und dessen Gesäßzeichnung
auf eine slawische Herkunft zurückzuführen ist.

22. 10. 1953

Carol hat den heutigen Termin nicht eingehalten. Sie erscheint zunehmend unglaubwürdig.

Telefonat mit Mrs. Dorschner, Kreditauskunftei Norman & Delarue: Es wurde ein Termin für Dienstag, 27. Oktober, 11 Uhr, vereinbart.

26. 10. 1953

Termin (unangekündigt)/C. Truttman, 9 Uhr: Carol kam unangemeldet ins Büro. Sie war sichtlich nervös und etwas kleinlaut. Sie entschuldigte sich dafür, den letzten Termin versäumt zu haben, eine Nachtschicht sei der Grund dafür gewesen. Ein unschuldiger Scherz (ob es nicht vielleicht doch die Eggleston Combo im Piccadilly war, die sie vom Schlafen abgehalten habe) ließ sie erstarren. Sie taute erst nach längerem gutem Zureden wieder auf.

Sie erklärte, dass Maynard Helnore Urlaub bekommen und sie besucht habe, doch sie habe sich nicht getraut, ihm von seinem Sohn zu erzählen. Sie gab an, dass sie mit ihm im Herbst 1952 intim gewesen sei. Ihrer Meinung nach ist er der Vater des Kindes. Sie versprach, ihn über die Existenz seines Sohnes zu informieren und uns (bis 8. November) seine Adresse zu übermitteln. Sie versprach außerdem, noch diese Woche einen Scheck über 20 Dollar zu schicken (sobald sie ihr Gehalt erhalten habe). Sie versicherte, sie werde ihr Bestes tun, jede Woche fünf Dollar ihrer Schulden zurückzuzahlen. Das Kind ist nun schon seit mehr als drei Monaten auf der Welt, und sie schuldet St. Mary 280 Dollar. Jeden Monat kommen 35 Dollar dazu. Von Dr. Merline und

Dr. Denys wurden wir angewiesen, Daniel weitere sechs
bis acht Wochen für Untersuchungen auf der Kinderstation zu behalten, ehe er im Heim aufgenommen wird.

27. 10. 1953
Besuch/Mrs. Dorschner, Kreditauskunftei Norman &
Delarue: Mrs. Dorschner war äußerst zuvorkommend. Sie
ist im mittleren Alter, blond und rundlich, selbst
ihre Hände sind gut gepolstert. Während des Gesprächs
kaute sie so eifrig auf einem Kaugummi, dass ihr die
Brille ständig auf die Nasenspitze rutschte und sie sie
immer wieder hochschieben musste.
Sie hatte sich gut auf den Termin vorbereitet und die
Akte Truttman studiert. Sie erklärte, dass nichts
gegen Miss Truttman vorliege und sie uneingeschränkt
kreditwürdig sei. In den letzten drei Jahren habe
sie von vier Boutiquen und einem Kaufhaus Anfragen
bezüglich Miss Truttman erhalten, alle fünf habe
sie positiv beantworten können. Von Schulden bzw. einem
Schuldenberg sei ihr nichts bekannt. Es müsse sich
um private Kredite (von Eltern, Verwandten, Freunden)
handeln.

(MW/JE)

03. 11. 1953
Telefonat m. Mr. Vonck, Bell Telephone Company: Um das
Bild von Carols Charakter zu vervollständigen, bemühte
sich MW um ein Telefongespräch mit deren Vorgesetzten
Mr. Vonck. Nach etlichen Anläufen erreichte sie ihn
endlich heute Morgen. Er versuchte sie abzuwimmeln und

wurde, als ihm die Aussichtslosigkeit dieses Unter-
fangens klar wurde, unfreundlich.

Er sagte, dass er sich über ehemalige Mitarbeiter nicht
äußern wolle. „Ehemalige?", konnte MW einwerfen und
ihn davon abhalten, aufzulegen. „Ehemalige!", bellte er
in den Hörer, Carol war - wie viele andere Mitarbeiter
auch - entlassen worden, nachdem der Selbstwählbetrieb
in Green Bay eingeführt worden war. Dies sei vor ein
paar Tagen geschehen.

05. 11. 1953

Hausbesuch/C. Truttman: Da Carol arbeitslos ist, uns
dies aber nicht gemeldet hat, wurde ein unangekündigter
Hausbesuch durchgeführt. Von Trude wussten wir, dass
Carol zumeist erst am späteren Nachmittag das Haus
verlässt. 12 Uhr schien demnach ein guter Zeitpunkt zu
sein, um sie garantiert in ihrem Zimmer anzutreffen.
Als sie die Tür öffnete, trug sie über dem Nachthemd
einen Bademantel und hatte Lockenwickler in den
Haaren. MW hatte bisher nicht in Erwägung gezogen, dass
die Wellen nicht natürlich sein könnten. Carol
erwiderte, sie drehe ihre Haare immer ein, da ihr Locken
besser gefielen. Sie tat überrascht und fragte frech,
ob MW den weiten Weg auf sich genommen habe, um
ihr diese Frage zu stellen. Daraufhin sprach MW die
Kündigung an. Diesmal war Carols Überraschung echt. Ihr
blieb nichts anderes übrig, als dies zuzugeben (was
sie tat, nicht ohne jegliche Schuld von sich zu weisen).
Ihr Arbeitslosengeld, fuhr sie fort, betrage bloß
22 Dollar die Woche. Sie brauche es dringend, um die
Miete zu zahlen. Die Frage, ob sie ihre Schulden

beglichen habe, verneinte sie, betonte aber, der Schuldenberg sei geschrumpft.

Da diese Angelegenheit erschöpfend behandelt worden war, wurde das Thema gewechselt. MW beschuldigte Carol, die Erzdiözese Green Bay, die Ärzte und Schwestern im Krankenhaus St. Mary und vermutlich auch ihre Eltern betrogen zu haben. Daraufhin weiteten sich die Augen des Mädchens vor Schreck. MW fragte, wer der wirkliche Vater des Kindes sei, und bat eindringlich um die Wahrheit. Anstatt zu antworten, begann Carol zu weinen. Sie habe niemals mit einem Neger geschlafen, beteuerte sie, niemals. MW musste warten, bis sie sich beruhigt hatte. Endlich gab Carol zu, mit beiden Männern, Maynard Helnore und Gerald Sebinski, intim gewesen zu sein. MW forderte sie auf, die Männer zu beschreiben. Maynard habe dunkle Haare, dicke Lippen, eine eher breite Nase und dunkle Haut, Gerald habe fast schwarze Ringelhaare. Sowie Geheimratsecken?, fragte MW. Und Geheimratsecken, stotterte Carol und errötete. Aber, warf sie hastig ein, blaue Augen und eine weiße Haut. Am 21. September hatte sie noch erklärt, er habe „grobe Gesichtszüge", „wulstige Lippen", eine „eher braune Haut" und „dunkelbraune, fast schwarze Augen und Haare". MW ließ sich nichts anmerken und sagte nur, dass in dem Fall Sebinski als Vater des Kindes wohl ausscheide.

Plötzlich sprang Carol auf und öffnete die oberste Schublade der Kommode. Mit Papier und Bleistift kehrte sie zurück. In einer kindlichen Handschrift kritzelte sie den Namen und die Telefonnummer von Mrs. Edith Helnore auf das Blatt. Da wir ihr offenbar nicht glauben, stieß sie hervor, sollen wir mit Mrs. Helnore

sprechen. Mr. Helnore sei nicht Maynards leiblicher
Vater, Maynard sei von ihm adoptiert worden.
Mrs. Helnore könne uns mehr über Maynards tatsächliche
Herkunft sagen. Carol trat ans Fenster und murmelte,
seine beiden Geschwister seien blond und blauäugig, sein
genaues Gegenteil. Wer der leibliche Vater sei, könne
uns momentan nur seine Mutter mitteilen, denn Maynard
halte sich nicht in Green Bay auf. Mrs. Helnore
hingegen sei im Pelzladen Nigbor's in der Main Street,
Ecke Washington, anzutreffen.
Ob wir von ihr auch Maynards Sozialversicherungsnummer
bekommen könnten, fragte MW. Wozu wir seine Sozialversicherungsnummer brauchten, fragte Carol besorgt. MW
ignorierte den Einwurf und erklärte, ihre brauchten
wir auch. Carol erblasste. Sie tapste zurück zur
Kommode, zerrte an einer anderen Schublade, die sich
ruckelnd öffnete, und kramte darin, bis sie das
Kärtchen fand. Sie schrieb die Nummer auf einen Zettel,
reichte ihn MW und sagte, sie werde Maynards
Sozialversicherungsnummer beschaffen, wir sollten
Mrs. Helnore damit nicht behelligen. Maynards
Mutter wisse nichts von Daniel, und wir dürften ihr ohne
ihre Erlaubnis auch nichts erzählen. MW erwiderte
wahrheitsgemäß, dass sie das nicht versprechen könne.
Es werde schwierig sein, Auskünfte über ihren Sohn
einzuholen, ohne ihr einen Grund zu nennen. Carol
schwieg betreten. MW nutzte das Schweigen, um sie um
Babyfotos von sich zu bitten. Carol sagte, sie habe
keine, ihre Mutter verwahre sie.
MW kündigte an, Mrs. Bellin und Mrs. Helnore demnächst
zu kontaktieren, und verabschiedete sich. Carol bat
erneut darum, die Existenz des Kindes geheim zu halten.

MW wiederholte, das sei ein Versprechen, das wir weder geben noch halten können.

06. 11. 1953

Telefonat m. Mrs. Bellin: Mrs. Bellin erklärte sich bereit, am Montag, den 9. November, um 10 Uhr mit einer Fotografie von Carol als Säugling ins Büro zu kommen. Einen Hausbesuch lehnte sie ab. Sie befürchtete unnötiges Gerede.

09. 11. 1953

Termin/Mrs. Bellin, 10 Uhr: Da Mrs. Bellin das Foto nicht im Büro lassen, sondern sofort wieder mitnehmen wollte – es sei das einzige gute Bild von Carol, auf keinem anderen lächle sie –, war nicht genug Zeit, es eingehend zu studieren.

Oberflächlich betrachtet sehen Carol und Daniel einander kaum ähnlich. Nur wenn man weiß, dass es sich um Mutter und Kind handelt, erahnt man die Verwandtschaft. Es war allerdings auch nicht geplant, nach Ähnlichkeiten zu suchen, vielmehr sollte das Primitive identifiziert und so gut wie möglich von den uns vertrauteren Merkmalen in der Erscheinung des Kindes getrennt werden. Auf diese Weise hätte man der Identität des Vaters einen Schritt näherkommen können, doch unter den gegebenen Umständen war dies nicht möglich. Glücklicherweise gelang es MW, die Lücken in der Familiengeschichte zu schließen:

Otto und Elisabeth Burkard, Mrs. Bellins Großeltern väterlicherseits, wurden in Süddeutschland, vermutlich

Bayern, geboren. 1893 wanderten sie nach Amerika
aus.

Elisabeth starb nach der Geburt des ersten Kindes
(Walter) noch während der Überfahrt.

Otto ging in New York an Land, kämpfte sich bis nach
Green Bay durch und ergatterte eine Stelle in der John
Hoberg Papiermühle. Er starb am Tag des Angriffes
auf Pearl Harbor.

Sein Sohn Walter wurde Vorarbeiter ebenfalls bei John
Hoberg in Green Bay. Seine Ehefrau Karoline Holubetz
lernte er im Turnverein kennen.

Karl und Anne Holubetz waren Mrs. Bellins Großeltern
mütterlicherseits: Karl wurde 1869 in Manitowoc geboren.
In seiner Kindheit zog seine Familie nach Bellevue,
in den Teil, der sich „Verlorenes Land" nannte. Dort
betrieb sie eine Farm.

Anne wurde 1875 in der Nähe von Hamburg geboren. 1893
antwortete sie auf eine Zeitungsannonce und bestieg
ein Schiff nach New York. Nach einer Probezeit von einem
Monat hatte sie ihre Tauglichkeit als Ehefrau unter
Beweis gestellt. Karl machte ihr einen Heiratsantrag,
den sie annahm; hätte sie abgelehnt, hätte sie die
Reisekosten abarbeiten müssen.

Sie hatten drei Kinder: Karoline (1896 geboren), Klara
(starb bei der Geburt 1898) und Paul (geboren 1900, starb
als Kind, genaues Alter unbekannt).

Mr. Truttmans Großeltern väterlicherseits hießen Josef
und Hedwig Truttman.

Josef wurde in Wien geboren und wuchs dort auf. Um 1880
kam er als Jugendlicher nach Amerika. Er fand Anstel-
lung bei John Hoberg.

Hedwig wurde in Österreich geboren (genauer Ort unbe-

kannt). Nach dem Tod der Eltern wanderte sie mit ihrem
Onkel und ihrer Tante nach Amerika aus. Mit 19 Jahren
heiratete sie Josef Truttman. Sie hatten nur einen Sohn;
Hedwig starb, als Johann noch ein Kleinkind war.

Nach ihrem Tod heiratete Josef wieder. Seine zweite Frau
Rosaline stammt aus Belgien. Josef starb 1947.

Mr. Truttmans Eltern – Johann und Maria – erlebten die
Geburt ihres Urenkels Daniel nicht mehr: Johann starb
1952 in Green Bay, Maria (in Klosterneuburg geboren)
vier Jahre vor ihm, ebenfalls in Green Bay.

Sie hatten vier Kinder: Joseph (geboren 1910, gestorben
1949 an Darmkrebs, Vorarbeiter bei John Hoberg), Frank
(geboren 1911, starb mit 17 Jahren bei einem Reitunfall),
Theresa (geboren 1913?) und Max (geboren 1915, 1951
verschollen im Koreakrieg).

Mrs. Bellin konnte nichts über die Familiengeschichte
ihrer Schwiegermutter sagen. Offenbar schätzten sie
einander nicht besonders.

10. 11. 1953

Telefonat m. Mrs. Edith Helnore: Heute Morgen konnte
Mrs. Helnore endlich (nach mehreren vergeblichen
Versuchen) erreicht werden. Sie hatte noch nie von Carol
oder von Carols Kind gehört. Sie bat um mehr Informationen, doch es wurde nur verraten, dass es um ihren
Sohn Maynard gehe und es besser wäre, die Angelegenheit
unter vier Augen zu besprechen. Daraufhin erklärte
Mrs. Helnore, sie werde sich am Samstag, den 14. November, um 10 Uhr im Büro einfinden. Auch sie zog es vor
(aus Angst vor Gerede), bis zum Wochenende zu warten.

11. 11. 1953

Telefonat m. Pater Ryan, Pfarre St. Mary: MW wurde
gebeten, am 16. November um 9 Uhr ins Pfarramt zu
kommen. Einen Grund nannte der Pater nicht.

14. 11. 1953

Termin/Mrs. Helnore, 10 Uhr: Mrs. Edith Helnore war
überpünktlich, klopfte fünf Minuten zu früh an der Tür.
MW musste ihre Vorbereitungen unterbrechen, um sie
einzulassen.
Mrs. Helnore wurde eine Tasse Kaffee angeboten. Sie
lehnte dankend ab. Sie scheint eine äußerst zurückhal-
tende Person zu sein.
Sie war nervös, was man ihr nicht verdenken kann.
Während des Gesprächs spielte sie unentwegt mit dem
Knopf am linken Ärmel ihrer Bluse; sie zupfte, riss
und drehte an ihm.
Da wir so behutsam wie möglich auf Carol und ihr Kind
zu sprechen kommen wollten, leitete MW das Gespräch mit
der unverbindlichen Feststellung ein, dass sie nun
schon seit drei Jahren in Green Bay lebe, ihre Familie
aber im fernen Europa weile. Normalerweise löst
dieser Satz Zungen und entspannt die Gesprächspartner,
in diesem Fall hatte er jedoch den gegenteiligen
Effekt: Mrs. Helnore fragte sofort, warum wir sie wegen
ihres Sohnes sprechen wollten und ob ihm etwas
zugestoßen sei. Carol hat demnach die Wahrheit gesagt,
Mr. Helnore hält sich tatsächlich nicht in Green Bay
auf.
Als MW Mrs. Helnore von der Existenz des Kindes Truttman
berichtete sowie von der Möglichkeit, dass ihr Sohn

der Kindsvater sei, richtete sich diese entsetzt in ihrem Stuhl auf. Maynard, erklärte sie mit erhobener, vor Empörung zitternder Stimme, würde das Mädchen heiraten, sollte er es in Schwierigkeiten gebracht haben. In jedem Fall würde er seinen Teil der Verantwortung übernehmen. Von Carol habe sie noch nie gehört, er habe sie ihr weder vorgestellt noch von ihr erzählt. Dies sei untypisch, sie habe zu ihrem Sohn ein sehr gutes Verhältnis, er vertraue sich ihr an. Bisher habe er ihr noch jedes Mädchen vorgestellt, mit dem er ausgegangen sei. Zuletzt sei dies Miss Amelia Duquaine gewesen. Er werde sie auch heiraten, wann stehe allerdings noch nicht fest. Er sei zurzeit in Europa stationiert, und Gott allein könne sagen, wann er wieder nach Hause kommen werde.

Mrs. Helnore hat eine steile Stirn und ein ausladendes, gut gewölbtes Hinterhaupt. Ihr Gesicht ist schmal und länglich, die Gesichtsfarbe hellrosa, fast weiß, das Kinn spitz. Ihre Augen sind groß, rund und blau, die Nase schmal und lang. Die Haare sind blond und straff. Auf MWs Nachfrage erklärte sie, dass es in ihrer Familie hauptsächlich schottische, aber auch ein paar spanische Vorfahren gebe, ihr Mädchenname sei Taylor. Die Familie ihres Mannes stamme aus Schweden.

MW stellte nun die heikle Frage, ob es in ihrer oder in der Familie ihres Mannes Neger gegeben habe.

Mrs. Helnore sah sie daraufhin mit aufgerissenen Augen an. Wie sie auf diese Frage komme? Sei das Kind farbig? MW erklärte, dass Daniel Truttman mit großer Wahrscheinlichkeit ein Mischlingskind sei. Mrs. Helnore starrte aus dem Fenster. Sie wusste offensichtlich nicht, wie sie auf diese Information reagieren sollte.

Um sie wieder zum Sprechen zu bringen, sagte MW, dass das Gerücht umgehe, Maynard sei adoptiert worden, also nicht das leibliche Kind Mr. Helnores. Diese Aussage schockierte Mrs. Helnore zutiefst. Sie blinzelte heftig und errötete. Natürlich sei Maynard Mr. Helnores Sohn, rief sie, alles andere sei eine infame Lüge, er sehe anders aus als seine Geschwister, weil er seiner Urgroßmutter aus Spanien ähnle. Was falle den Leuten ein, anzudeuten, sie habe eine Affäre mit einem Neger gehabt! Sie stand mit einem Ruck auf, nahm ihren Mantel und wollte zur Tür. MW versuchte, Mrs. Helnore zurückzuhalten, indem sie sich entschuldigte und beteuerte, sie habe bloß ein Gerücht wiedergegeben, aber es sei von größter Wichtigkeit, herauszufinden, wer der leibliche Vater des Kindes Truttman sei, die Diözese brauche ihre Hilfe. Daraufhin wiederholte Mrs. Helnore (etwas ruhiger), dass ihr Sohn sicher nichts mit „dieser Truttman" angefangen habe und wir unsere Suche anderswo fortsetzen müssten. Wir sollten sie und ihre Familie in dieser Angelegenheit nicht weiter belästigen. Im Übrigen habe Maynard zwar braune Haare und braune Augen, sei aber weder dunkelhäutig noch in sonst einer Weise negrid. Mit diesen Worten verließ sie das Büro.
Es war nicht möglich, sie um ein Foto ihres Sohnes zu bitten.

(MW/JE)

16. 11. 1953
Besuch/Pfarramt St. Mary: Pater Ryan ist ein kleiner, stämmiger Ire mit schütterem, rotem Kraushaar,

gipsweißer Haut und blauen, funkelnden Augen. Im
Pfarrhaus drückte er MW einen Zettel in die Hand und
erklärte (mit überraschend sonorer Stimme), von
Carol die Adresse und Sozialversicherungsnummer Maynard
Helnores erhalten zu haben.

Gefreiter Maynard Helnore
U. S. 55158091
M. D. Company 3340 A. S. U.
Fort Benning, Georgia
Sozialversicherungsnummer: 804099 219841

Pater Ryan ist nicht nur in seiner Gemeinde sehr
beliebt. Er mischt sich da und dort ein, äußert sich
lautstark zu politischen und gesellschaftlichen
Belangen – er ist Sozialist – und lässt sich ebenso
wenig ein Spiel der Green Bay Packers entgehen
wie einen Fish Fry im Supper Club. Laut eigener Aussage
hat er Carols Eltern getraut und alle Truttman-Kinder
getauft. Ja, erklärte er mit Nachdruck, er würde sich als
einen Freund der Familie bezeichnen.
Er sagte, er habe ein langes Gespräch mit Carol geführt.
Sie habe nicht bloß versprochen, sondern gelobt, sich
zu bessern. Er habe sie auch auf die Höhe der Krankenhausrechnung hingewiesen, und sie habe versichert,
dass sie jede Woche einen Scheck schicken werde.
Zwanzig Dollar könne sie sich nicht leisten, aber fünf
werde sie schaffen.
MW bedankte sich für Helnores Adresse und wollte sich
verabschieden, doch er forderte sie auf, wieder Platz zu
nehmen. Die Truttmans, begann er bedächtig, wünschen
„keinen weiteren Umgang" mit dem Sozialdienst der Erz-

diözese Green Bay. Sie hätten alles in ihrer Macht Stehende getan, um uns zu helfen, und wir besäßen nun alle nötigen Informationen, um das Kind zu vermitteln. Er räusperte sich, es war ihm offensichtlich unangenehm, dies auszusprechen. Anne und Carol, sagte er, wünschen nicht weiter von Miss Winckler „belästigt" zu werden. MW erwiderte, sie täte bloß ihre Pflicht, Miss Truttman sei es, die unsere Arbeit erschwere: Nach der Geburt des Kindes habe sie erklärt, der Vater sei ein gewisser Gerald Sebinski oder Sobinski, ein Mann, dessen Existenz bislang nicht überprüfbar gewesen sei. Nur eine Woche später habe sie ihre Meinung geändert und behauptet, ein gewisser Maynard Helnore sei der Vater. Vielleicht sei es ihr nicht möglich, zu sagen, wer der Vater sei, versuchte Pater Ryan seinen Schützling zu verteidigen, vielleicht ließen es „die Umstände" nicht zu. MW konnte sich des Eindrucks nicht erwehren, dass er uns Informationen vorenthielt, also fragte sie, ob Carol vom Kindsvater Gewalt angetan worden sei, verschweige sie deshalb seine Identität? Pater Ryan protestierte heftig. Davon sei „überhaupt keine Rede", aber: „Sie wissen doch, wie junge Leute sind." MW verneinte die Frage. Überraschenderweise errötete der Pater und wusste nichts darauf zu sagen; normalerweise ist er nicht auf den Mund gefallen. Er verstehe ihren Ärger, stammelte er, er verstehe ihn sehr gut, doch Carol sei nicht sie selbst, die Schwangerschaft sei für sie ein Schock gewesen, von dem sie sich noch nicht erholt habe. Mit etwas Zeit und Ruhe werde sich die Angelegenheit – „für alle" – in Wohlgefallen auflösen.

17. 11. 1953

Telefonat m. Mrs. Franklin, Rotes Kreuz Georgia:
Mrs. Franklin wurden sowohl Maynard Helnores Sozialversicherungsnummer als auch seine Adresse per
Fernsprecher durchgegeben. Sie wurde mit dem Hinweis,
es handle sich um eine dringliche Vaterschafts-
angelegenheit, gebeten, diese Angaben so bald wie
möglich zu überprüfen. Mrs. Franklin versicherte,
sie werde sich sofort darum kümmern und uns umgehend
zurückrufen.

18. 11. 1953

Telefonat m. Miss Duquaine: Wider Erwarten rief Miss
Amelia Duquaine, die Verlobte Maynard Helnores, an, um
uns ihre Hilfe anzubieten. Sie habe von Mrs. Helnore
„die ganze Geschichte" erzählt bekommen und sehe es als
ihre Pflicht an, ihren Verlobten vom Verdacht der
Vaterschaft zu befreien. Sie stehe ab sofort für Fragen
zur Verfügung.
MW bedankte sich und nutzte die Gelegenheit, um eine
Fotografie von Mr. Helnore zu erbitten. Miss Duquaine
versprach, am Samstag, den 21. November, um 10 Uhr
mit einem Bild ins Büro zu kommen. Einen Hausbesuch
lehnte sie ab.

19. 11. 1953

Besuch/Krankenhaus St. Mary: Das Kind ist 18 Wochen und
4 Tage alt. Es ist nach wie vor schwierig, die
Rassenmerkmale eindeutig auszumachen, was jedoch in
Anbetracht seines Alters nicht ungewöhnlich ist,

zudem handelt es sich bei ihm mit großer Wahrscheinlichkeit um einen Mischling.

Der Säugling ist groß für sein Alter und kräftig gebaut.
Sein Gesundheitszustand ist sehr gut. Laut Schwester
Aurelia trinkt er gut, er verlange sogar nach der
Flasche. Er habe ein sonniges Gemüt, weine selten und
lächle viel. Davon konnten wir uns selbst überzeugen:
Als sich MW seinem Bett näherte, drehte er sich ihr zu
und strahlte sie an.

Daniel scheint ein neugieriger kleiner Kerl zu sein. Er
versuchte an dem Finger, den sie ihm hinhielt, zu
lutschen. Als es ihm gelang, gluckste er zufrieden. Er
ist ausgesprochen hübsch, mit seinen großen runden
rehbraunen Augen. Seine Hautfarbe ist nach wie vor ein
leicht bräunliches Weiß.

Sein Haar ist gewachsen. Es ist noch immer straff und
mittelbraun. Seine Lippen sind unverändert fleischig.
Die Nase ist eine abgemilderte Form der trapezförmigen
Trichternase – sie ist eher breit, etwas flach und
alles in allem auf der derben Seite. Sie vereinigt die
primitiven Merkmale der Knopf- und Trichternase
in sich. Säuglingsnasen sind jedoch großen Wandlungen
unterworfen, in einem Monat wird sie wieder ganz
anders aussehen.

Die Merkmale des Wirtsvolks sind in seinem Fall stark
ausgeprägt, das Negride schimmert aber durch.

Zum Abschluss des Besuchs stand eine Besprechung mit
Dr. Denys auf dem Plan. Er teilte uns mit, dass er eine
weitere psychologische Untersuchung durchgeführt
habe. Das Kind habe nun einen IQ von 110. Dieser werde
sich bis zu 100 abflachen, da die Lernfähigkeit von
Negerkindern abnehme, je älter sie werden.

Einer Vermittlung in ein Kinderheim oder in eine Pflegefamilie steht laut Dr. Denys nichts mehr im Weg.

21. 11. 1953

Termin/Miss Duquaine, 10 Uhr: Miss Amelia Duquaine ist, wie schon nach dem Telefonat vermutet werden konnte, eine resolute junge Frau. Auf den ersten Blick ist sie allerdings eher unscheinbar, mit ihrer hellen Haut, den wasserblauen Augen und mausbraunen Haaren, doch sobald sie ihren Mund öffnet, zeigt sich ihr Durchsetzungsvermögen. Sie sei Lehrerin, erklärte sie zu Beginn der Unterredung, und sie dulde keinen Unfug. Sie bestätigte, dass sie und Maynard Helnore verlobt seien. Sie hätten vor, zu heiraten, sobald er wieder aus Europa zurückkomme (momentan sei er in Salzburg stationiert). Vermutlich sei dies in etwa einem Jahr möglich, sie planen eine Winterhochzeit. Das letzte Mal habe sie ihn im Juni 1953 gesehen, aber er schreibe ihr regelmäßig. Miss Duquaine hatte Briefe mitgebracht. Mr. Helnore hat eine ausgesprochen schöne Handschrift. Auffällig sind die regelmäßigen Rundungen etwa im kleinen A oder L.
Unglücklicherweise war die Fotografie, die sie vorlegte, schwarzweiß. Wir müssen uns daher mit Miss Duquaines Farbzuweisungen zufriedengeben, die lauten:
Mr. Helnores Haut ist weiß mit einem leicht bräunlichen Stich, die Haare sind mittelbraun, die Augen und Wimpern hellbraun.
Seine Lippen sind etwas wulstig, der Mund ist groß. Die Nase ist plump, mit breiten Nasenflügeln. Auffällig an seinen Augen sind die Mongolenfalten, was bei

46

Nichtmongolen immer eine rein individuelle Bildung darstellt, vermutlich in Folge von Vererbung (an seiner Mutter konnten keine festgestellt werden). Bei ihm ist die Faltenbildung extrem: Von den Wimpern ragen nur die Spitzen unter den tief herabhängenden Deckfalten hervor. Eine Ähnlichkeit mit Daniel Truttman ließ sich nicht feststellen.

Miss Duquaine fragte, ob das Kind ihrem Verlobten ähnlich sehe. Sie wirkte angespannt. MW verneinte, wies aber darauf hin, dass der Knabe ein Säugling sei und sich noch stark verändern werde. Miss Duquaine sagte mit Nachdruck, Maynard könne nicht der Vater sein, er kenne Miss Truttman nicht einmal, er sei ihr nie begegnet. Dafür, sagte sie, kenne sie Carol, sie kenne sie sogar gut. Sie habe letztes Jahr bei Mrs. Rentmeester ein Zimmer gemietet, und Carol habe im Nebenzimmer gewohnt. Eine Zeitlang seien sie eng befreundet gewesen, sie hätten auch viel gemeinsam unternommen.

Miss Duquaine lächelte. Maynard sei Musiker, er spiele Klarinette, außerdem komponiere er. Nachdem er eingezogen worden war, sei sie gerne und oft in einen Jazzclub gegangen, nicht um zu tanzen, sondern, um den Musikern beim Spielen zuzuhören, es habe sie an Maynard erinnert. Sie sei immer in die Zebra Lounge gegangen, weil das sein Lieblingsclub gewesen sei. Carol habe sie begleitet. Der Barmann habe ihnen einen kleinen Tisch in der Ecke freigehalten, von dort hätten sie einen guten Blick auf die Bühne gehabt. Carol habe sich meistens nach dem ersten Lied unter das Publikum gemischt. Miss Duquaine lehnte sich zurück. Anfangs habe sie geglaubt, dass Carol ihr einen

Gefallen tun und der „Strohwitwe" Gesellschaft leisten
wollte. Aber bald habe sie bemerkt, dass nicht Carol
ihr einen Gefallen tat, sondern sie Carol – auf diese
Weise konnte Carol dem Mann nahe sein, für den sie
schwärmte: Mr. Jimmy Jordan.

Miss Duquaine zog ein säuberlich zusammengefaltetes
Blatt der Green Bay Press-Gazette aus ihrer Handtasche
und entfaltete es; eine Anzeige der Zebra Lounge
wurde sichtbar. Das Kind sei ein Mischling, habe sie
gehört, sagte sie. Sie deutete auf den Pianisten
und fragte, ob es diesem Mann ähnlich sehe. Jimmy sei
ein hellhäutiger Neger, nichtsdestotrotz eindeutig
ein Neger.

Auf den ersten Blick war eine Ähnlichkeit zwischen
Daniel und Mr. Jordan feststellbar, Miss Duquaine wurde
aber belehrt, dass man das auf diese Weise nicht
beurteilen könne, wir müssten Mr. Jordan persönlich
treffen. Das verstehe sie, sagte Miss Duquaine und
holte ein anderes Blatt aus ihrer Tasche hervor. Auch
dieses war sorgfältig zusammengefaltet. Das Jimmy
Jordan Trio spiele am 19. und 20. Dezember ab 22 Uhr
in The Flame in Milwaukee. Adresse: North Ninth
Street 1315.

Sie sagte, sie hoffe, ihr Besuch sei hilfreich gewesen,
und verabschiedete sich.

23. 11. 1953.

Interne Besprechung: Miss Murphy bat MW um eine Einschätzung der Lage. Sie würde gerne mit der Suche nach
einer neuen Familie für Daniel beginnen, der Säugling
sei immerhin schon vier Monate alt, normalerweise

beginne man im Alter von zwei Monaten. Sie habe zuge-
wartet, da Rassenmerkmale bekanntermaßen eine
gewisse Zeit brauchen, um sich zu entwickeln – Haut
und Haare dunkeln im Alter nach. Dr. Shapiro aus
New York etwa weigere sich, Babys unter sechs Monaten
zu untersuchen, doch den Luxus abzuwarten könnten
wir uns nicht leisten. Es sei absehbar, dass sich die
Suche nach Adoptiv- oder Pflegeeltern schwierig
gestalten würde. Die meisten Interessenten wünschen
sich weißen Nachwuchs, farbige Kinder seien
notorisch schwer unterzubringen. Nun sei in Daniel
Truttmans Geburtsurkunde in der Rubrik Rasse nichts
vermerkt, Dr. Schreiber habe die Zeile frei gelassen.
„Können wir diese Zeile nun füllen?", fragte Miss
Murphy.
MW musste die Frage leider verneinen. Der Verdacht habe
sich erhärtet, dass es sich bei Daniel um ein
Mulatten-Kind handelt. Die Kindsmutter bestehe jedoch
nach wie vor darauf, dass dies nicht der Fall sei,
und ein Beweis dafür bzw. dagegen stehe noch aus.
Miss Murphy seufzte. Der Fall Daniel Truttman erinnere
sie an den Fall David Shaw, den eine Freundin in
Milwaukee betreut habe, Davids leiblicher Vater war
ebenfalls unbekannt. Aufgrund seiner dunklen Hautfarbe
wurde David im Alter von sechs Monaten sogar nach
New York gebracht, da man glaubte, er könnte ein
Negermischling sein. Dr. Shapiro untersuchte den Knaben
und erklärte, er sei puerto-ricanisch. Er erteilte der
Freundin den Ratschlag, mit einer etwaigen Platzierung
zu warten, da die Hautfarbe des Kindes nachdunkeln
werde.
Eineinhalb Jahre später hatte David noch immer kein

Zuhause. Die Interessenten sahen in ihm alles Mögliche, einen Italiener ebenso wie einen Mexikaner oder einen Neger – alles, nur nicht das, was sie als Kind haben wollten. „Als studierte Anthropologin", fragte Miss Murphy, „wie würden Sie die Rasse des Kindes einschätzen?"

MW gab keine Einschätzung ab, sondern empfahl, abzuwarten. Das Kind werde sich in den nächsten Wochen noch stark wandeln, dann werde man den Kindsvater möglicherweise nicht mehr brauchen. Miss Murphy war mit dem Vorschlag nicht einverstanden. Wenn sie etwas aus dem Fall David Shaw gelernt habe, entgegnete sie, dann das, dass man genau das nicht tun dürfe: warten. Sie wies MW an, eine Anfrage an Pater Matthew Rose zu schicken, der schon einmal ein farbiges Kind vermitteln konnte, sowie an unsere Partnerhäuser in Milwaukee, Madison, Racine, Kenosha, Appleton, Waukesha, Oshkosh, Eau Claire und La Crosse zu schreiben.

„Gehen wir davon aus, dass Daniel Truttman farbig ist", schloss Miss Murphy die Diskussion, „aber wenden Sie sich zur Sicherheit noch an das Amt für Kriegsveteranen." Sollte Mr. Helnores Vater im Krieg gedient haben, verfüge das Amt über Informationen hinsichtlich seiner Abstammung: Die Rasse der Soldaten werde in den Akten vermerkt.

25. 11. 1953

Telefonat m. Miss Combs, Amt für Kriegsveteranen:
Miss Combs wurde der Fall D. Truttman in groben Zügen geschildert. Sie wurde beauftragt, Informationen bezüglich der Familie Helnore zu sammeln. Miss Combs

versprach, Nachforschungen anzustellen und sich in
Bälde zu melden.

30. 11. 1953
Telefonat m. Miss Williquette, Katholisches Wohlfahrtsbüro Appleton: Miss Williquette bedankte sich für
unseren Brief und erklärte, dass Mr. und Mrs. Cornell,
die bereits zwei Kinder in Pflege hätten, ein
drittes Kind aufnehmen wollten. Sie würden Daniel gerne
am Sonntag, den 13. Dezember, um 15 Uhr besuchen
und ließen fragen, ob dies möglich sei. MW bejahte und
fixierte den Termin.
Miss Williquette war hocherfreut. Die Cornells seien ein
rechtschaffenes, anständiges Ehepaar, und jedes Kind,
das von ihnen aufgenommen würde, könne sich glücklich
schätzen.
Telefonat m. Sr. Aurelia, Krankenhaus St. Mary:
Der Besuch des Ehepaars Cornell wurde angekündigt. Die
Schwester reagierte überrascht. Sie erklärte, sie
werde alles dafür Nötige vorbereiten.

(MW/JE)

01. 12. 1953
Telefonat m. Miss Fisher, Krankenhaus St. Mary: Carol
schickte einen Scheck über zehn Dollar. Damit ist sie
dem Krankenhaus noch 305 Dollar schuldig.

04. 12. 1953

Die Gerichtsverhandlung in der Sache Daniel Truttman wurde auf Montag, den 14. Dezember 1953, 9 Uhr, festgelegt. Miss Truttman und Mrs. Bellin wurden informiert.

09. 12. 1953

Brief v. Pater Rose, Pfarre St. Mary, Milwaukee: Pater Rose schreibt, er werde den Fall Daniel Truttman in seinem nächsten Hirtenbrief schildern. In seiner Gemeinde gebe es jedoch keine farbigen Mitglieder, insofern sei er nicht sicher, ob sich eine Familie finden werde, die Daniel bei sich aufnehmen wolle. Michael (das Negerkind, das er vermittelt hatte) konnte in einer weißen Familie untergebracht werden, vielleicht werde sich wieder eine solche finden. Wir sollen ihm auf jeden Fall eine Fotografie von Daniel zukommen lassen und die Hoffnung nicht aufgeben.

An dieser Stelle sei festgehalten, dass eine solche Platzierung nicht günstig wäre. Adoption darf zum Zwecke der Integration nicht missbraucht werden. Paare, die Mischlinge adoptieren wollen, sollten über die gesellschaftlichen Folgen ihres Wunsches nachdenken. Überdies und aus natürlichen Gründen wäre es besser für das Kind, unter seinesgleichen aufzuwachsen.

10. 12. 1953

Besuch/Waisenhaus St. Mary: Vor wenigen Tagen wurde Daniel – mit dem Einverständnis der Ärzte – ins Waisenhaus St. Mary verlegt.

Schwester Aurelia empfing MW an der Rezeption und

geleitete sie ins Säuglingszimmer. Das Kind sei nach
wie vor gesund (nie krank gewesen) und trinke gut. Auch
der Stuhlgang sei nicht auffällig. Daniel sei im
Allgemeinen fröhlich und, soweit sie dies beurteilen
könne, aufgeweckt. Trotz fehlender Ansprache lerne
er schnell, er sei ein gescheiter und hübscher Knabe. Ob
wir den Vater schon gefunden hätten? Diese Frage
musste verneint werden. Schwester Aurelia nickte wis-
send, die Mütter seien selten kooperativ, und verabschiedete sich; sie wurde im Krankenhaus erwartet.
Daniel starrte an die Decke. Er schien MW erst zu
bemerken, als sie ihren Bleistift direkt in sein
Sichtfeld bewegte. Er hat bemerkenswert braune (kakao-
braune) Augen. Negerfalten sind keine vorhanden.
Sein Haar ist nach wie vor mittelbraun und straff. Er
wirkt hellhäutig; seine Haut ist seit der letzten
Untersuchung wieder heller geworden. Der Theorie, dass
Kinder rassisch undifferenzierter seien als Erwach-
sene, kann nicht zugestimmt werden. Die Nase ist der
einzige Teil des Gesichts, für den dies zutrifft:
Nasen werden im Schulalter tatsächlich mannigfaltiger.
Daniel hat nun eine leichte Trichternase, sie ist
etwas breiter und derber im Vergleich zu unserer Nase.
Die Obernase ist jedoch dabei, sich zu erheben.
An ihr ist gut erkennbar, dass es sich bei ihm um ein
Rassengemisch handelt – sein Gesicht erinnert an
unseres, obwohl noch manch Primitives darin zu spüren
ist.
Welche Umgestaltung die anthropologische Struktur der
Neger nach der Zerstreuung in Amerika wohl erfahren
hat? Darf man behaupten, dass sich ihre Zusammensetzung
in Richtung ihres Wirtsvolks verschob? Bei Daniel

scheint dies der Fall zu sein, ursprünglich war das Erbe seines Vaters dominanter, nun ist die Mutter sichtbarer.

Auch MW wurde von Daniel betrachtet. Seine Augen folgten ihren Bewegungen, und wenn sie sich mit der Kamera seinem Gesicht näherte, lächelte er und streckte seine Ärmchen nach ihr aus. Um das Mischlingskind auf keinen Fall merken zu lassen, dass ihr Interesse ausschließlich ihm gelte, fotografierte sie auch die Kinder in den umliegenden Betten. Wenn man der Fachliteratur glauben darf, ist das Wissen um das andersartige Erscheinungsbild bei farbigen Kindern früh ausgebildet.

Seine Mutter hat ihn seit der Geburt nicht besucht. Er ist nun 21 Wochen und 3 Tage alt.

11. 12. 1953

Telefonat m. C. Truttman: Carol rief frühmorgens an, um zu berichten, dass sie sich in der Firma Milprint um eine Stelle beworben habe. Man werde ihr noch diese Woche mitteilen, ob sie sie bekommen habe.

MW wollte wissen, ob sie am Fließband oder im Büro arbeiten werde. Carol erwiderte, sie werde sicher keine Zellophanverpackungen herstellen, sie habe sich für eine Stelle als Sekretärin beworben.

(Anmerkung v. JT: 1953 errichtete Milprint eine große Fabrik in Green Bay. Die Firma stellte hauptsächlich Geschenkartikel her.)

13. 12. 1953

Besuch/Waisenhaus St. Mary: Um 15 Uhr empfingen Schwester Aurelia und MW das Ehepaar Cornell im Waisenhaus.

Eleanor und Walt Cornell sind im mittleren Alter, schätzungsweise Anfang bis Mitte 40. Sie haben zwei Pflegekinder (Evie und Isabel, 8 und 12 Jahre alt) und würden, wie Eleanor lächelnd erklärte, gerne einen Knaben aufnehmen: „Für Walt." Ihr Mann wünsche sich einen Sohn, mit dem er Baseball spielen und angeln gehen könne.

Eleanor ist ein paar Jahre jünger als Walt. Sie hat rötlich blondes Haar, das sie hochgesteckt trägt. Sie ist ein heller, blonder Typ, ihre Augen sind blau. Sie ist groß, äußerst schlank und trotz ihrer flachen Absätze noch immer ein Stückchen größer als Walt. An Walt, dem Freizeit-Jäger, fällt der große Bauch auf, den er vor sich herträgt wie ein ungeborenes Kind. Er hat blonde Haare, hellblaue Augen sowie eine Glatze. Das breite Lächeln, das die meiste Zeit auf seinen Lippen lag, wirkte gezwungen. Eleanor ist eindeutig diejenige, die sich ein weiteres Kind wünscht, für Walt wäre der Zuwachs ein Zugeständnis an seine Frau. Die blonden Haare, blauen Augen und die bleiche Haut wurden den beiden von den Angelsachsen mitgegeben: Eleanor und Walt stammen aus England. Die Großeltern wanderten im 19. Jahrhundert nach Amerika aus. Als Schwester Aurelia Daniel in den Aufenthaltsraum brachte, weiteten sich Eleanor und Walts Augen. Sie hatten nicht damit gerechnet, ein Mischlingskind präsentiert zu bekommen. Eleanor fasste sich schnell und breitete ihre Arme aus: Es drängte sie danach, das

Kind zu halten und zu liebkosen. Walt ging ein paar
Schritte zur Seite und beobachtete seine Frau mit Daniel
auf dem Arm aus einer gewissen Distanz.

Das Kind fühlte sich bei Eleanor sichtlich wohl. Es
lachte und spielte mit ihren Haaren. Auch die Brosche an
ihrem Kleid weckte seine Neugier. Es nahm die Flügel
des Schmetterlings zwischen seine Finger und befühlte
sie genauestens, versuchte sogar, eine Spitze in den
Mund zu stecken; Eleanor intervenierte. Als sich Walt
auf Eleanors Zureden endlich näherte, wollte Daniel
nach Walts Brille greifen, doch Walt weigerte sich, sie
dem Kind zum Spielen zu überlassen.

Schließlich verabschiedeten sich die Cornells, sie
müssten es in Ruhe zu Hause überdenken, ob sie
den jungen Truttman aufnehmen können. Ein farbiges Kind
sei ein Risiko: Walt, der in der Stadtverwaltung
arbeite, habe einen Ruf zu verlieren. Es würde viel
Gerede um Daniel geben.

Nachdem die Besucher gegangen waren, näherte sich
Schwester Aurelia mit einem vorwurfsvollen Blick. Sie
sagte, die Cornells hätten offensichtlich kein Negerkind erwartet. Man müsse in Zukunft dafür sorgen, dass
den Interessenten diese Information rechtzeitig gegeben werde. MW verteidigte das Vorgehen des Sozialdienstes und erklärte, es liege nicht in ihrer Macht,
eine Information zu geben, die wir noch nicht hätten.
Schwester Aurelia erhob Einspruch. Wenn wir nicht
an diese Information kämen, erklärte sie, müssten wir
eben eine Bestimmung vornehmen.

14. 12. 1953

Termin/Familiengericht, Green Bay: Die Gerichtsverhandlung über die vorübergehende Abgabe des Sorgerechts
für Daniel Truttman an den Sozialdienst der Erzdiözese
Green Bay fand heute Morgen um 10 Uhr statt. Carol
erschien in Begleitung ihrer Mutter. Beide trugen ein
schlichtes Kostüm, die Mutter ein taubengraues,
die Tochter ein dunkelblaues, dazu den passenden Hut
und die passende Tasche.
Nach einer eingehenden Befragung der Kindsmutter
durch den Richter Peter Milford entschied dieser zu-
gunsten unseres Antrags. Carol schien erleichtert,
ebenso Mrs. Bellin. Die Fragen des Richters waren alles
andere als angenehm, insbesondere jene über Carols
Privatleben und ihre Zukunftspläne. Es ist zu bezweifeln, dass sie so weit denkt – dass sie jemals so
weit gedacht hat.
Carol sagte aus, dass sie sich und ein Kind nicht
ernähren könne. Sie sei noch immer ohne Arbeit
und könne sich nur durch die Unterstützung ihrer Mutter
über Wasser halten. Mrs. Bellin bestätigte, Carol mit
einem kleinen monatlichen Geldbetrag auszuhelfen. Damit
war der Fall klar und unsere Aussage unnötig.
Tochter und Mutter verließen das Gerichtshaus mit dem
Ausdruck höchster Zufriedenheit im Gesicht.

(MW/JE)

15. 12. 1953

Telefonat m. Miss Combs, Amt für Kriegsveteranen: Miss
Combs hat alle Erwartungen übertroffen. Sie rief soeben
an, um uns die Ergebnisse ihrer Recherche mitzuteilen:

Edith Helnore (geborene Taylor) wurde in Burton, Michigan, Elmer Helnore in Green Bay geboren. Die Großeltern wanderten aus Schweden und Irland (Spanien erwähnte sie nicht) nach Amerika aus. Die Familie ist Mitglied der Herrnhuter Gemeinde in Green Bay.

Die Helnores haben drei Kinder: Naomi, 23, Kellnerin in Morley's Bar; Wayne, 21, Verkäufer in Hank's Sporting Goods Store; Maynard, 20, Arbeitsort unbekannt. Naomi und Wayne sind hellhäutig, blond und blauäugig, Maynard hat braune Augen und braune Haare. Alle drei haben straffe Haare.

In der Familie Helnore gab es weder Neger noch Slawen.

Was man so hört:

Naomi sei ein gutherziges und anschmiegsames Kind gewesen. Sie sei noch immer liebenswürdig, ganz besonders zu den Stammgästen.

Wayne sei ein guter Sportler gewesen, er habe sogar von einer Profikarriere als Footballspieler geträumt. Dann aber habe er sich eine Verletzung am Bein zugezogen. Nun arbeite er als Verkäufer in einem Geschäft für Sportartikel.

Maynard spiele zwei Instrumente, Klavier und Klarinette. Er habe sich „bis vor kurzem" in der Zebra Lounge herumgetrieben. Er habe den Ruf, ein Schürzenjäger und immer in Geldnot zu sein.

16. 12. 1953

Absage/Katholisches Wohlfahrtsbüro Racine: Miss Steingraeber schreibt, dass es ihr nicht möglich sei, Daniel

Truttman zu helfen. Es gebe in Racine weder einen
Pflege- noch Adoptivplatz für ein Kind dieser Art.

17. 12. 1953
Absage/Waisenhaus St. Vincent, Milwaukee: Miss Evelyn
Zakowski schreibt, dass sie unglücklicherweise
keine Möglichkeit sehe, den Knaben unterzubringen oder
zu vermitteln. Sie verstehe unser Dilemma, sie
selbst betreue 23 farbige und halb farbige Zöglinge,
die auf eine Pflegestelle warten.
Die entwickelten Fotos wurden heute abgeholt. Ein Abzug
wurde an Pater Rose geschickt.
Morgen, Freitag, den 18. Dezember, wird MW nach
Milwaukee aufbrechen, um mit Mr. Jordan zu sprechen.
Die Rückreise ist für Sonntag, den 20. Dezember,
vorgesehen.

21. 12. 1953
Die Reise nach Milwaukee brachte nicht das erhoffte
Ergebnis, dafür Gewissheit: Jimmy Jordan ist nicht der
Vater des Kindes, davon konnten wir uns persönlich
überzeugen.
MWs Bericht folgt.

(Anmerkung v. JT: Bericht fehlt)

22. 12. 1953
Brief von Mrs. H. Franklin, Rotes Kreuz Georgia:
Mrs. Franklin schreibt, sie habe Bereichsdirektor John

Cramer von Fort Benning kontaktiert und schicke uns hiermit seinen Antwortbrief.

John Cramer schreibt, dass ein gewisser Maynard Helnore laut seinen Unterlagen niemals in Fort Benning stationiert gewesen sei. Auch im Moment befinde sich hier niemand, weder unter diesem noch unter einem ähnlichen Namen (Helnare, Helnere, Helnor, Helnord). Im Übrigen sei die angegebene Sozialversicherungsnummer fehlerhaft, sie sei um eine Ziffer zu kurz.

23. 12. 1953

Absage/Waisenhaus St. Theresa, Kenosha: Miss Zimmer schreibt, dass sie bedauerlicherweise ein Negerkind nicht vermitteln könne.

24. 12. 1953

Telefonat m. Mrs. Cornell: Mrs. Cornell rief heute Morgen an, um einen Termin für ein längeres Beratungsgespräch zu vereinbaren. Ihnen gehe der kleine Daniel nicht aus dem Kopf, weshalb sie es gerne mit ihm versuchen würden, allerdings sei ihrem Mann nicht wohl dabei.

Es wurde ein Termin für Dienstag, den 29. Dezember, um 10 Uhr vereinbart.

28. 12. 1953

Absage/Katholisches Wohlfahrtsbüro, Waukesha: Miss Carmichael schreibt, dass sie sich außerstande sehe, ein Mulattenkind zu vermitteln.

29. 12. 1953

<u>Termin/Mrs. Cornell, 10 Uhr</u>: Mrs. Cornell fand sich
um Punkt zehn Uhr im Büro ein. Sie wirkte sehr aufgeregt.
Sobald sie sich gesetzt hatte, holte sie ein Magazin
(Reader's Digest) aus ihrer Handtasche hervor, schlug es
auf der mit einem Lesezeichen markierten Seite auf
und legte es auf den Tisch.

„Unsere internationale Familie" stand in geschwungenen
Lettern auf der Doppelseite. Darunter waren Fotografien einer gemischtrassigen, 14-köpfigen Familie
abgedruckt. Mrs. Cornell deutete auf den letzten
Absatz, der lautete: „Wenn Sie unsere Kinder sehen
könnten, wie sie gemeinsam aufwachsen, miteinander
spielen, voneinander lernen, dunkle Haare neben hellen,
lachende schwarze Augen neben blauen, ich bin sicher,
Sie würden es wie wir sehen: dass künstliche Barrieren
wie Rasse oder Nationalität verschwinden, wenn sie
auf tief empfundene, echte Liebe treffen. Wir sind mehr
als bloß eine internationale Familie, wir sind eine
Familie Gottes."

Mrs. Cornell strahlte. Dieser Aufsatz habe Walt und
sie umgestimmt. Sie hätten sich unnötig Sorgen gemacht.
Adoptiv- und Pflegemütter hätten es schwer, sagte
sie, das wisse sie aus eigener Erfahrung. Bei jeder
Gelegenheit sei ihr zu verstehen gegeben worden,
dass ihre Mädchen von Natur aus schlecht oder bösartig
seien, in jedem Fall minderwertig … Sie setzte
zu einer längeren Erklärung an, wurde jedoch von MW
unterbrochen, die ihr mitteilte, dass wir ihr das
Kind noch nicht anvertrauen könnten. Die Herkunft sei
noch nicht geklärt, der Kindsvater noch immer nicht
gefunden. Es wurde ihr jedoch versichert, dass wir mit

großem Einsatz an der Beantwortung dieser Fragen
arbeiten.

Mrs. Cornell reagierte enttäuscht. Sie habe sich
auf Daniel gefreut, sagte sie. Was ihren Mann und sie
betreffe, ihnen sei es gleich, woher das Kind
komme. Es sei ihnen aber wichtig, dass es nicht
zu lange allein bleibe, ein Säugling brauche Ansprache
und Wärme, Liebe. Sie versicherte, all das seien
sie bereit zu geben. MW betonte, dass sie es bedaure,
ihrer Bitte nicht sofort nachkommen zu können,
doch es sei unverantwortlich, ein herrenloses Kind
in eine bestehende, gesunde Familie zu bringen.
Die Kindsmutter weigere sich nach wie vor, mit dem
Sozialdienst zusammenzuarbeiten, und dem Kindsvater sei nicht einmal bekannt, dass er einen Sohn
habe.

Mrs. Cornell seufzte. Dann werde sie warten, sie könne
allerdings nichts versprechen – sie habe Walt davon
überzeugen müssen, ein farbiges Kind aufzunehmen. Ob es
ihr ein zweites Mal gelingen werde? Sie schüttelte
zweifelnd den Kopf. Das sei ungewiss.

Mit dem Versprechen, die offenen Fragen recht bald zu
klären, verabschiedete sich MW von ihr. Es ist die
richtige Entscheidung, das Kind noch nicht abzugeben:
Es muss auch an das Wohl der Pflegeeltern gedacht
werden.

30. 12. 1953
<u>Absage/Pfarre St. Vincent, Eau Claire</u>: Pater O'Hara
schreibt, er werde in seiner Gemeinde nach einer passenden Familie suchen, sei aber skeptisch, was die

Erfolgsaussichten betreffe. In seiner Gemeinde gebe es keine farbigen Mitglieder.

31. 12. 1953

Telefonat m. Mrs. Rentmeester: Trude rief an, um zu berichten, dass Carol schon das dritte Mal abends von einem Mann nach Hause begleitet worden war. Sie habe das Paar durch das Wohnzimmerfenster beobachtet. Es habe versucht, sich im Schatten der Bäume aufzuhalten, sie habe die beiden trotzdem sehen können (wegen des fehlenden Laubs). Der Mann habe Carol leidenschaftlich umarmt und geküsst. Das Mädchen habe seine schamlosen Umarmungen und Küsse erwidert.
Wie ihr ihre Nachbarin Miss O'Brian mitgeteilt habe, handle es sich bei dem Mann um Henry Walton. Er sei wohl mindestens zehn Jahre älter als Carol, ein Veteran (WK II) und mit der Köchin aus dem Elk's Inn verheiratet.
Es sei ihr außerordentlich unangenehm, dass sich so eine Geschichte unter ihrem Dach abspiele, versicherte Trude mehrere Male. Sie habe Carol aber noch nicht darauf angesprochen. Sie wolle sich zuerst mit Pater Ryan beraten, den sie diesen Sonntag sehen werde.
MW bedankte sich für den Anruf und bat darum, uns auf dem Laufenden zu halten.

(MW/JE)

04. 01. 1954

Telefonat m. Miss Fisher, Krankenhaus St. Mary: Miss Fisher gab Auskunft über die bislang eingegangenen

Zahlungen von Miss Truttman. Bisher hat Carol 40 Dollar beglichen, somit ist sie mit 360 Dollar im Rückstand.

05. 01. 1954

Absage/Waisenhaus St. Catherine, La Crosse: Miss Herbert schreibt, dass zurzeit kein Heimplatz verfügbar sei, sie aber unser Anliegen an ein paar ausgewählte Pfarreien weitergeben werde.

06. 01. 1954

Telefonat m. Mrs. Rentmeester: Trude berichtete aufgeregt, dass Pater Ryan Carol und Mrs. Bellin ins Pfarrbüro gebeten habe. Er habe beiden Frauen auseinandergesetzt, dass die Situation, in die sich Carol begebe, eine sowohl anrüchige als auch möglicherweise fatale sei. Habe sie nicht schon eine uneheliche Schwangerschaft hinter sich gebracht? Wolle sie eine zweite riskieren? Bis sie und Mr. Walton ihre Verlobung verkündeten, erlaube er es keinesfalls, dass sie einander träfen. Und eine Verlobung mit Mr. Walton, habe der Pater hinzugefügt, sei so bald nicht möglich, da der Mann noch verheiratet sei.

Laut Pater Ryan sei Mrs. Bellin schockiert gewesen. Sie habe beteuert, nichts von der Affäre ihrer Tochter gewusst zu haben. Carol hingegen habe trotzig geschwiegen und sei aus dem Raum gestürmt, sobald Pater Ryan sie entlassen habe. Der Pater habe noch versucht, Mrs. Bellin davon zu überzeugen, ihrer Tochter diese Liaison zu verbieten, bis die Kirche sie gestatte. Mrs. Bellin habe versichert, dass sie alles in

ihrer Macht Stehende tun werde, um Carol von Mr. Walton
fernzuhalten.
Trude ist davon überzeugt, dass Mrs. Bellin in dieser
Angelegenheit nichts ausrichten werde. Sie bat uns,
einzuschreiten.

07. 01. 1954

Telefonat m. C. Truttman: MW rief Carol an und befahl ihr,
ins Büro zu kommen. Carol zögerte und fragte, ob
es um die offene Krankenhausrechnung gehe. Es wurde ihr
erklärt, dass es um mehr gehe als um eine Rechnung;
sie habe einen Mischlingsbuben in die Welt gesetzt und
weigere sich, ihm eine Mutter zu sein. Der Vater sei
noch immer nicht gefunden, Mr. Maynard Helnore sei es
jedenfalls nicht. Sie habe morgen um 8 Uhr im Büro
zu erscheinen, andernfalls werde das Konsequenzen
haben.

08. 01. 1954

Termin/C. Truttman, 8 Uhr: Carol war um Punkt 8 Uhr im
Büro, allerdings äußerst schlechter Laune. Sie gab MW zu
verstehen, dass sie sich zurzeit außerstande sehe,
die noch offene Krankenhausrechnung zu begleichen. Es
wurde ihr erklärt, dass es Wichtigeres im Leben gebe
als Geld, etwa das eigene Kind: Sie vernachlässige ihren
kleinen Sohn, der noch immer keine Pflegefamilie
gefunden habe. Die Obsorge, die wir beantragt hätten,
sei eine Obsorge auf Zeit, und wir hätten sie lediglich
deshalb beantragt, um ihr, Carol Truttman, zu helfen.
Dies sei eine selbstlose Tat gewesen. Es wurde ihr mit-

geteilt, dass sie mit der Last der gesamten Verantwortung aufwachen werde, sollten wir das Gefühl bekommen, dass sie unsere Hilfsbereitschaft ausnutze.

„Hilfsbereitschaft", entgegnete sie, „was würde ich ohne Ihre Hilfsbereitschaft tun?" Die Ironie in ihrer Stimme war unverkennbar. MW warnte sie erneut, woraufhin sie sich zu besinnen schien. Sie habe vor, zu heiraten, sagte sie zögernd, jedoch mit einem triumphierenden Unterton in der Stimme, und bald werde sie unsere Hilfe nicht mehr brauchen. Wie sie das meine, fragte MW. Sie werde ihren Verlobten fragen, ob er Daniel adoptieren wolle, antwortete Carol. Ob ihr Verlobter Mr. Henry Walton sei, entgegnete MW, sei der nicht verheiratet? Carol errötete leicht. Er habe vor, sich scheiden zu lassen, stammelte sie, er werde die Scheidung demnächst einreichen. Sie habe Daniel nicht ein einziges Mal im Waisenhaus besucht, sagte MW, und nun wolle sie sich plötzlich selbst um ihn kümmern? Auf diese Frage wusste Carol keine Antwort.

MW wies das Mädchen zurecht: Wenn sie ihrem Kind und sich helfen wolle, solle sie aufhören, Lügen zu verbreiten. Einen weiteren Menschen in diese Sache hineinzuziehen, damit sei wahrlich niemandem geholfen. Sie solle endlich den Namen des Kindsvaters preisgeben. Das habe sie doch schon längst getan, sagte Carol, der Vater sei Maynard Helnore. Maynards Mutter aber habe behauptet, noch nie von einer Carol Truttman gehört zu haben, widersprach MW. Das sei nicht ungewöhnlich, erwiderte Carol. Maynard habe ein schlechtes Verhältnis zu seinen Eltern, wie alle Helnore-Kinder. Nur die Älteste spreche noch mit ihnen,

weil sie im Elternhaus lebe, die anderen seien bei
erstbester Gelegenheit ausgezogen und ließen sich nur
an den Feiertagen, an Thanksgiving und Weihnachten,
zu Hause blicken.

Nun riss MW der Geduldsfaden. Wie könne sie, Carol
Truttman, die mit einem Neger verkehrt habe, nun Mr. und
Mrs. Helnore bezichtigen, schlechte Eltern gewesen
zu sein? Das tue sie keineswegs, verteidigte sich Carol,
sie berichte nur, was sie gehört habe. Im Übrigen
habe sie keineswegs mit einem Farbigen verkehrt, sie
kenne gar keine Neger. Und was sei mit Jimmy
Jordan, fragte MW. Es gebe mindestens eine Person,
die diese „Bekanntschaft" bezeugen könne. Wenn sie in
der Zebra Lounge nachfragen würde, wie viele andere
Zeugen fänden sich wohl?

Carol erblasste. Dann stieß sie hervor: „Jimmy ist
kein Neger, sondern ein Musiker", und stürmte aus dem
Raum.

Diese Reaktion beweist zum einen, dass sie Jimmy
Jordan kennt, zum anderen zeugt es von ihrer Naivität,
was Schwarze betrifft.

Der Garten der Truttmans war groß, wesentlich größer, als es der Ausschnitt aus meinem Fenster hatte vermuten lassen. Er bestand aus mehreren kleinen Gärten, die durch verschlungene, schmale Pfade miteinander verbunden waren, doch sämtliche Pflanzen schlummerten unter einer dicken Schneedecke, sodass ich auf Joans Erklärungen angewiesen war, um sie zu erahnen; es war, als sei ich plötzlich erblindet, es war mir unmöglich, sie auszumachen, selbst die Büsche und kleineren Bäume, Kronen und Stämme, waren eingehüllt in Schnee und Eis, nur das schwache Licht der Nachmittagssonne hinterließ Spuren in der falschen Polarlandschaft.

Während ich hinter Joan hertapste, unbeholfen, da ich nicht wusste, ob ich mich auf einem Weg oder in einem Blumenbeet befand, dirigierte sie meinen Blick. Auf der rechten Seite, erklärte sie, müsse ich mir Halskrausen-Dahlien vorstellen, auf der linken den Kanadischen Flieder, in der Ecke vor mir habe sie einen Steingarten mit Fettpflanzen angelegt, in der anderen ein Bambuswäldchen. Ich sah gelblich braune Blattspitzen aus einer Schneemasse herauslugen und verspürte den Drang, eine von ihnen zu berühren, weil sie mir abartig erschienen, farbig wie sie waren; ich hielt mich zurück, nickte und bemühte mich, nicht vom Pfad abzukommen. Joan beobachtete mich mitleidig. Was für ein Unsinn, rief sie plötzlich aus, dir meinen Garten im Winter zu zeigen, einen Sommergarten im Winter! Aber Geduld, gleich sind wir da.

Das Ziel unserer *Reise* war ein in meinen Augen unförmiges, wenngleich gewaltiges Gebilde, eine Ansammlung von Hecken, die, wie sie beschrieb, spiralförmig gepflanzt und trapezförmig zugeschnitten seien, nun aber dick eingeschneit waren: Dannys Labyrinth. Sie habe es auf seinen Wunsch hin angelegt, es sei ein Geschenk gewesen, zum zwanzigsten Hochzeitstag. Im Winter versinke der Garten im Schnee, dann würden die *Mauern* des Irrgartens undurchsichtig; an manchen Stellen könne man auf die vereisten Büsche klettern und über den *Mauerrand* lugen. Sie lachte, ihr Lachen grub sich tief in die Wangen.

Im Herzen des Labyrinths, einer winzigen Piazza, befanden sich (unter einer Plane) eine Holzbank und eine Plastiktruhe. Aus der Truhe entnahm Joan zwei Polster und Decken, wir setzten uns auf die Kissen, der Stoff schirmte die Kälte ab, ein wenig. Es war drei Uhr nachmittags, die Sonne bereitete ihren Abgang vor, der schimmernde Schnee würde einspringen, bis der Mond am Himmel stand. Joan und ich wickelten uns in die dicken Wolldecken, die, wie sie sagte, Dannys Mutter gestrickt hatte. Es roch nach Schnee und Eis, und ich bewegte von Zeit zu Zeit meine Zehen, um sicherzugehen, dass ich sie noch bewegen konnte. Ob mir auch schön warm sei, fragte sie. Ich nickte, sie drückte mir einen Plastikbecher in die Hand, den sie aus der rechten Manteltasche gefischt hatte, aus der linken holte sie eine Thermoskanne und eine Tafel Schokolade hervor. Sie schraubte die Kanne auf, goss den Kaffee in unsere Becher und legte die Schokolade auf die Bank. Sie sei Lehrerin gewesen, sagte sie, zuerst an der Universität, dann an der Highschool. Bei erster Gelegenheit habe sie sich pensionieren lassen, auf Fortschritte zu hoffen, liege ihr nicht. Es schneite; die Flocken waren weiß im Fall, nach der Landung blau wie die frühe Dämmerung. Joan saß mit dem Rücken zum Licht, sodass ich ihren Gesichtsausdruck erraten musste. Ich fragte, was sie unterrichtet habe. Französisch und Deutsch, sagte sie, Deutsch am St. Julian College, dort habe sie Danny kennengelernt –

1974 schloss ich meine Masterarbeit ab. Ich träumte davon, ein Jahr lang durch Europa zu reisen, hatte aber nicht genug Geld, mein Erspartes reichte bloß für ein Flugticket nach Frankfurt. Ich kehrte also nach Green Bay zurück, weil ich gehört hatte, das College habe Jobs für Deutsch-Lektoren. Der erste Unterrichtstag lief schlecht, ich war schrecklich nervös, was die Studenten mitbekamen und mit Häme quittierten. Am Ende des Tages hatte ich Schwierigkeiten, den Autoschlüssel ins Schloss zu stecken, so sehr zitterten meine Hände. Plötzlich tauchte Daniel auf und sprach mich an. Er fragte, ob ich jemals in Deutschland gelebt hätte. Ich ignorierte ihn. Er sagte, er sei kein Student, er würde sich aber gerne in meinen Kurs setzen, wenn er dürfe. Er werde eines Tages nach Deutschland reisen, dann wolle er vorbereitet sein, zumindest ein paar Worte sprechen können. Dafür reiche ein Reiseführer, erwiderte ich. Er lachte. Er brauche mehr als nur »Wo ist der Bahnhof?« und »Wie heißt du?«. Er hoffe auf Gespräche mit überraschenden Wendungen; seine Adoptivmutter stamme aus Deutschland.

An dem Abend, sagte Joan lächelnd, hätten sie sich auf einen Cheeseburger und eine Schale *booyah* im *Kroll's* getroffen, acht Monate später hätten sie geheiratet. Ihre Mutter habe sich geweigert, zur Hochzeit zu kommen, sie habe Danny nicht gemocht. Seit das Geschäft ihres Onkels im Sommer 1967 zerstört worden war, sei sie nicht gut auf Afroamerikaner zu sprechen gewesen. Immer randalieren sie, habe Mrs. Coleman gesagt, alles zerstören sie. Mrs. Coleman?, fragte ich. *Ma mère*, antwortete Joan –

meine wunderbare Mutter. Ich müsste lügen, würde ich sagen, dass mir ihre Verachtung nichts ausmachte. Danny ertrug sie mit bewundernswertem Gleichmut, ich hingegen schwor mir am Ende jedes verdorbenen Abends, mit ihr zu brechen, ein für alle Mal. Doch am nächsten Tag, meist schon frühmorgens, wurde mir klar, dass ich, würde ich mit ihr brechen, mit allen brechen müsste: Sie war nicht die Einzige, die in Danny den *Affen* sah. *Porch monkey*.

Joan leerte ihren Plastikbecher aus und verstaute die Thermoskanne in der Tasche ihres Anoraks. Ihre Wangen waren leicht gerötet, ebenso ihre Augen. Sie könne diese Worte nicht stehen lassen, *porch monkey*, das werde Danny nicht gerecht. Er sei damals Tänzer gewesen, mit Leib und Seele! Bei ihrem zweiten Date habe er sie in die Sporthalle seiner alten Highschool mitgenommen. Er habe einen Kassettenrekorder dabeigehabt, ein flaches, rechteckiges Ding, das eierte und meistens die Kassetten ausweidete, statt sie abzuspielen; für den Fall habe er eine Kopie in der Tasche gehabt. Er habe sie in die zweite Reihe gesetzt, auf den Startknopf gedrückt und zu tanzen begonnen. Peter O'Toole habe gesungen: *To dream the impossible dream / To fight the unbeatable foe …* Jahre später habe sie erfahren, dass es nicht O'Toole war, der dies sang, sondern ein Schauspieler namens Simon Gilbert. Wie passend, sagte sie, zum Lippenballett O'Tooles habe Danny seine eigene Version von Ballett getanzt, ein Amalgam aus Madame Ledvinas Kinderballett und Modern Dance bei Sportlehrer Kazik. Und der unmögliche Traum? Die Aufnahme an der Juilliard School mit dem Ziel, als Tänzer in New York zu arbeiten und zu leben. Jahrelang habe Danny an der Verwirklichung seines Traums gearbeitet, jahrelang habe sie ihm dabei geholfen, Tagträumer sie beide, selbst beim Austragen der Pizzen, beim Korrigieren der Schularbeiten seien sie nicht aufgewacht, warum auch, es sei ein wunderschöner Traum gewesen; sie verstummte.

Was passiert sei, fragte ich. Ob er die Aufnahmeprüfung nicht bestanden habe. Joan schüttelte langsam den Kopf. Er habe sie nie abgelegt. Sie holte eine kleine Taschenlampe aus ihrer Jackentasche und knipste sie an. Schlagartig verwandelte sich der späte Nachmittag in tiefe Nacht. Er sei nicht einmal bis nach Milwaukee gekommen.

In Sheboygan drehte er um.

Am nächsten Tag, es war ein Samstag, erwachte ich in einer Stille, die selbst für das Kuckucksnest ungewöhnlich war: Nichts regte sich, nicht einmal ein fernes Autorauschen war zu hören, mir war, als befände ich mich in einem Vakuum. Hatte ich in Joans Garten tags zuvor meinen Sehsinn verloren, fand ich mich plötzlich in ihrem Haus ohne Gehörsinn wieder. Erst als ich mich über die dämmrige Treppe ins Wohnzimmer vorgetastet hatte, begriff ich, weshalb mir die völlige Abwesenheit von Geräuschen oder Tönen dermaßen merkwürdig vorkam: Das Radio war aus.

Ich ging in die Küche, geräuschvoller als gewöhnlich, da ich mir nun sicher war, allein im Haus zu sein. Ich hatte mich nicht geirrt; ein Briefumschlag, fein säuberlich an mich adressiert, lag auf dem Küchentisch. Joan schrieb, sie habe vergessen, mir zu sagen, dass sie Danny im Pflegeheim besuche und erst Montag wieder nach Hause komme. Sie habe es wohl zu sehr genossen, über verlorene Tage zu sprechen. *Lost days.*

Ich hatte nicht mit dieser Welle der Erleichterung gerechnet, auch empfand ich die Stille mit einem Mal als friedlich, wohlwollend. Ich gab der Versuchung nach, zu summen, während ich Kaffee kochte, es hätte Gesang werden sollen, doch meine Stimme war eingerostet. Nach dem Frühstück, ich konnte es kaum erwarten, vom Tisch aufzustehen, Joans Küche war der Winkel der Welt, den ich in Green Bay am besten kannte, eilte ich ins Wohnzimmer.

Wieder stellte ich fest, wie finster es im Kuckucksnest war. Das Haus war ein Lichtschlucker, die Dunkelheit nistete in den Ecken, den Winkeln, den Spalten, kroch von der Rückseite der Schränke, der Unterseite der Tische und von den Rändern der Decke in die Mitte der Räume, hielt sich nicht einmal von den Fenstern fern, deren Glasflächen, blind vor Staub, das Licht filterten, seine Helligkeit drosselten. Deshalb fiel mir nicht gleich auf, wie viele Memorabilia die Zimmer beherbergten: Gestalt gewordene Erinnerung. Die populärste ist die Postkarte, eine aussterbende Gattung, Joan bewahrte sie auf den Kommoden auf, sie waren eine hinter der anderen in den Ecken aufgestellt. Kerzenständer, kleine und große, Vasen, kurze und hohe, Schalen, breite und schmale, standen zwischen den Büchern im Regal und vor den Hutschachteln auf den Schränken. Die getrockneten Blumensträußchen, die Handspiegel, Pillendöschen und Schmuckkästchen sowie die Figuren, Menschen und Tiere, steckten zwischen und vor den Tellern, Tassen und Kannen in der Anrichte. Der wahre Schatz aber verbarg sich unter den Möbeln: Unter dem Bücherregal im Wohnzimmer entdeckte ich bündelweise Briefe, unter dem Geschirrschrank im Esszimmer alte (datierte) Notizbücher und unter den Rattanmöbeln im Wintergarten Plastiksäcke, zum Bersten gefüllt mit Fotos.

Kurioserweise waren alle Wände leer, bis auf eine im

Wohnzimmer, die mit dem Schwarz-Weiß-Porträt eines Mannes geschmückt war. Die Fotografie stammte meiner Schätzung nach aus den zwanziger Jahren des letzten Jahrhunderts. Auf dem breiten Rahmen aus Ebenholz war eine schmale Messingplakette mit der Inschrift *Father* angebracht. Ich nahm das Porträt von der Wand, hielt es ans Licht –

ich bin stark kurzsichtig, in der Dunkelheit fast blind, trotzdem empfinde ich meine Kurzsichtigkeit nicht als Nachteil, im Gegenteil, es gab eine Zeit, da ich grundsätzlich nicht mit Sehbehelfen aus dem Haus ging, die verzerrte, verschwommene Welt, eine Welt, die in der Ferne aus Klängen und Gerüchen, in der Nähe aus Oberflächen und Körpern bestand, die ich berühren konnte, nein, musste, um ihre Identität, ihr Wesen zu erfahren, schien mir realer als diejenige, die ich mit den Augen wahrnahm. Sehen beruht auf Distanz, selbst einen Gegenstand aus nächster Nähe zu betrachten erfordert einen Abstand, und sei er noch so klein. Riechen, Berühren hingegen sind intime Vorgänge, das wahrgenommene Objekt verbindet sich mit dem wahrnehmenden Subjekt, Objekt und Subjekt werden eins, wenn auch nur für einen Moment. Verstehen, Begreifen, das Aufgreifen fremder Gedanken, das Angreifen fremder Ideen ist ein ähnlich intimer Akt, ein Fallenlassen aller Distanzen, letztlich ein Sich-Fallenlassen, ohne zu wissen, wo man landen wird, und wie –

der Mann auf dem Bild hatte helle kurze Haare, einen Seitenscheitel, helle Augen, eine kleine runde Brille und trug einen dunklen Anzug, ein weißes Hemd sowie eine graue Krawatte. Er lag in einem hölzernen Liegestuhl im Garten, im Hintergrund waren Büsche zu sehen, Bäume zu erahnen. Sein Gesichtsausdruck war entspannt, gelöst, er lächelte in die Kamera, nein, er lächelte in Richtung der Kamera, er lächelte dem Fotografen zu, oder der Fotografin? Es war ein warmes Lächeln, eines, das man nur einem Menschen schenkt, den man gut kennt, den man gut zu kennen glaubt, ein wissendes Lächeln, eines, das Antwort gibt.

Er ist glücklich, das war die Antwort.

Ich kam nicht dazu, Joan zu dem Bild zu befragen, da sie mich nach ihrer Rückkehr mied. Wann immer ich das Wohnzimmer betrat, um mich nach ihrem Besuch bei Danny zu erkundigen, hatte sie es gerade verlassen, und ich sah sie durch die gegenüberliegende Tür in den Wintergarten huschen. Wenn ich ihr folgte, floh sie vom Wintergarten über das Vorzimmer in den ersten Stock, meine Rufe ignorierend. Dieses Versteckspiel spielten wir ein paar Male, bis ich aufgab; zuerst nahm ich an, dass sie keine Lust auf ein Gespräch hatte, und ließ von der Verfolgung ab, später fragte ich mich, ob ich sie verletzt hatte, mit einer gedankenlosen Bemerkung oder einem falschen Wort. Ich überlegte, ob ich ihr einen Brief schreiben sollte, eine Notiz, und sie auf dem Küchentisch hinterlegen. Diese Idee gab ich jedoch auf; ich wusste nicht, was ich schreiben sollte, und je mehr Zeit verging, desto kleiner wurde mein Wunsch, mit ihr zu sprechen. Nicht nur sie ging mir aus dem Weg, auch ich achtete darauf, ihr nicht zu begegnen: Wir umschlichen einander.

Eines Tages, *Spring Break* war vorüber, lief ich Ada Berkins in die Arme, der Nachbarin, die ich bisher nur stimmlich kennengelernt hatte. Miss Berkins erwischte mich vor der Haustür, ich hatte gerade einen Fußmarsch von einer halben Stunde hinter mir, vom St. Julian's in die Woodlawn Avenue, war aber, vielleicht lag es am verhältnismäßig milden Abend, noch voller Tatendrang. Als sie mich auf eine Tasse Tee zu sich einlud, nahm ich ihre Einladung freudig an. Sie sagte, sie wolle alles über mich wissen, ich müsse ihr meine Lebensgeschichte erzählen. Dabei verströmte sie eine dermaßen große Neugier, dass ich mich geschmeichelt fühlte und umgehend ihrem Wunsch nachkam, die bedeutenden Stationen meines Lebens zu skizzieren; sie nannte es *skizzieren*, denn Zeit für ein *Ölgemälde* hätten wir nicht, bestenfalls für eine *Bleistiftzeichnung*. Ada war Malerin, Künstlerin, ihre gesamte Existenz war der Kunst, vor allem der Kunst des Lebens gewidmet. Das meiste Geld verdiente sie mit dem Verkauf von Kräutern, sich selbst bezeichnete sie als Heilerin, nicht als Heilpraktikerin. Ihre Methode sei eine besondere, betonte sie, sie heile mithilfe von asiatischen Kräutern (wie aufs Stichwort blieb ihr Blick an meinem Gesicht hängen) und der Kunst. Ihre Bilder, eröffnete sie mir, hätten die Kraft, zu heilen. Mir entfuhr ein ungläubiges *Wirklich?* Wirklich, bestätigte sie lachend. Es sei ihr bewusst, dass es großspurig klinge, aber der Erfolg gebe ihr recht. Danny habe sich durch ihre Behandlung vom Schlaganfall erholt, ihr sei es zu verdanken, dass er es aus der Intensivstation geschafft habe. Wie gehe es ihm eigentlich, fragte sie, mache er Fortschritte?

Ich konnte mich des Eindrucks nicht erwehren, dass es den ganzen Abend bloß um diese eine Frage gegangen war, trotzdem oder gerade deswegen tat ich ihr den Gefallen, beklagte mich über Joans eigenartiges Verhalten und öffnete so die sprichwörtliche *can of worms*.

Ada und Danny waren auf dieselbe Highschool gegangen, sie hatten demselben Jahrgang angehört und etliche Kurse gemeinsam besucht. Und sie war, mit dieser Information rückte Ada erst heraus, nachdem sie ihr Tässchen Tee gegen ein Glas Whisky getauscht hatte, in ihn verliebt gewesen. Während sie von sich und Danny sprach, verschwand alle Lebenskunst, mit einem Mal saß ein Mensch vor mir, der seine Verletzlichkeit nicht zu verstecken versuchte; es überraschte mich, wie sehr sie einem vergangenen Gefühl die Treue hielt. Sie habe ihn geliebt, gab sie unumwunden zu, es sei nicht bloß Schwärmerei gewesen, sondern eine Entscheidung. Sie habe beschlossen, ihn zu lieben, mit allen Vor- und Nachteilen. Unglücklicherweise habe sie auch beschlossen, ihm ihre Liebe zu gestehen –

ihre Freunde verabschieden sich, sie bleibt zurück, kramt in ihrer Tasche, wann immer sie glaubt, beobachtet zu werden. Danny taucht auf, er ist umringt von seinem feixenden, blödelnden Team. Sie weiß nicht, wie sie sich bemerkbar machen soll, unschlüssig steht sie herum. Plötzlich dreht er seinen Kopf in ihre Richtung und sieht sie an. Er nickt ihr zu, schickt seine Kumpel weg; nähert sich ihr langsam und fragt, ob sie gemeinsam nach Hause gehen wollen. Dies ist das Stichwort, auf das sie gewartet hat. Wie Emily Webb beginnt sie ihr Geständnis mit einer Rüge: Bis vor einem Jahr habe sie ihn sehr gemocht, stammelt sie, aber dann habe er sich verändert, sei arrogant geworden, bilde sich was auf seine Erfolge als Quarterback und auf der Bühne ein. Es schmerze sie, ihm das sagen zu müssen, es schmerze sie sehr, aber als Freundin schulde sie es ihm, ehrlich zu sein.

Ada lachte. Er hätte betroffen reagieren sollen, zerknirscht, stattdessen habe er sie verständnislos angestarrt und gefragt, ob sie verrückt geworden sei. Dann geh doch allein nach Hause, wenn dir das lieber ist, habe er gesagt und sei davongestürmt. Kein George Gibbs, sagte sie schmunzelnd, nicht einmal ein Anflug von George. Sie habe auf ein *ice-cream soda* gehofft, stattdessen habe es begonnen zu regnen. Der Regen sei auf ihre Haare geplatscht und von dort über ihre Augen geronnen. Vielleicht seien es auch Tränen gewesen, ach nein, sie schüttelte den Kopf, Tränen seien heiß, diese Tropfen aber waren kalt.

Fortan beobachtete Ada Danny nur noch aus der Ferne, und zu beobachten gab es einiges: Danny als Kapitän von Trapp in *The Sound of Music*. Danny als Bernardo in *West Side Story*. Danny als Don Quixote in *Man of La Mancha*. Auch als Musiklehrer verlangte Coach Kazik seinen Schützlingen einiges ab, und da Danny bereit war, stundenlang in einer ungeheizten Sporthalle zu singen und zu tanzen, wurde er sein Lieblingsschauspieler, der Jimmy Stewart Alfred Hitchcocks. Kazik war es, der Danny davon überzeugte, Tänzer und Sänger, oder noch besser Schauspieler am Broadway zu werden. Vergiss den Film, Dan, sagte er, die wahre Kunst, die wahren Künstler spielen am Theater, der Broadway ruft dich.

Warum Danny dem Ruf nicht folgte und bereits in Sheboygan nach nur einer Stunde Fahrt kehrtmachte, konnte Ada nicht sagen. Meine vorsichtige Frage aber, ob Dannys Hautfarbe an der Highschool ein Problem gewesen sei, wies sie entrüstet zurück. Wie ich auf diesen Unsinn komme, Danny sei der Star seines Jahrgangs gewesen, von allen geliebt, von vielen beneidet. Er sei der Quarterback der Football-Mannschaft gewesen, der König des Abschlussballs. Seine Hautfarbe habe keine Rolle gespielt, niemand habe sie gesehen, das heißt, schränkte sie ein, niemand, der mit ihm aufgewachsen sei: Joan sei sich seiner Andersheit bewusst gewesen, sie habe sie in ihm verstärkt. Äußerlich Joan

Baez, innerlich Jackie Kennedy, habe sie aus ihm einen Schwarzen gemacht. Ohne sie sei er kein Außenseiter gewesen, erst mit ihr habe er sich wie ein Fremder gefühlt und benommen. Kurz vor seinem Schlaganfall, sagte Ada, seien sie einander wieder nähergekommen, und er habe ihr dies gestanden.

Bei einem *ice-cream soda*.

In den kommenden Tagen verbreitete Ada das Gerücht, dass ich ein Buch über Danny schriebe, und ihr Sopran fand in Green Bay wesentlich mehr Gehör als Joans Alt. Die meisten glaubten, mein Werk behandle Dannys schwarze Jugend in einer fast vollkommen weißen Stadt, andere meinten, sein Leben sei bloß die Vorlage für einen Roman, der wiederum die Vorlage für einen Film bilde, in dem ein berühmter Schauspieler mindestens vom Rang eines Denzel Washington die Hauptrolle spielen werde. Wenn ich nun meine Besorgungen machte, sei es in *Bosse's News & Tobacco* oder im *Erbert and Gerbert's*, schlug mir eine Neugier entgegen, die sich von meiner Herkunft gelöst und an meinen Beruf geheftet hatte: War ich vorher noch *die Chinesin* gewesen, war ich nun eine Abgesandte Hollywoods. Dabei fragte niemand nach, ob ich tatsächlich ein Buch über Danny schrieb und wenn ja, wieso ausgerechnet über ihn, vielmehr suchte man mich dezidiert auf, um mit mir über Danny, Joan oder über sich selbst zu sprechen. Dieses Mitteilungsbedürfnis überraschte mich, bisher hatte ich die Einheimischen als eher wortkarg wahrgenommen. Da ich meine Vormittage oft in *Al's Hamburgers* verbrachte, um Joan aus dem Weg zu gehen, begannen mich die Mitteilsamen dort aufzusuchen.

Al's war ein Diner, wie man sie aus alten Martin-Scorsese-Filmen kennt, jedoch kein weitläufiges Lokal mit mehreren Räumen oder gar Ebenen, sondern ein kleines, schmales mit niedriger Decke, zwei länglichen Milchglasfenstern und hellbraunen Bodenkacheln, die einem das Gefühl vermittelten, in einem Badezimmer zu sitzen. Gegenüber dem Elvis-Poster, einem Kühlschrank, gefüllt mit Butter, Milch und Bier, und einem überdimensionalen Grill befand sich ein langer Tresen mit blauen Barhockern, die morgens höchstens einmal von einem einzelnen Gast besetzt waren, der, von der Spätschicht kommend, einen Cheeseburger mit Pommes frites und Zwiebelringen verschlang. Neben dem Fenster zur Straße hing ein grünes *Welcome to Wisconsin*-Schild, gesponsert von der New-Glarus-Brauerei. Die passend zu den Bodenkacheln mit hellbraunem Lederimitat überzogene Bank knirschte, wenn man sich auf sie setzte; ihr Knirschen übertönte die Musik aus dem Radio. Mein Morgen wurde meistens mit einer Bruce-Springsteen-Hymne eingeleitet: ... *Man, I ain't gettin' nowhere / I'm just livin' in a dump like this* ...

Zum zweiten Kaffee setzte sich Val zu mir, die Pächterin vom *Al's* mit den kräftigen runden Armen. Einen Al habe es auch einmal gegeben, vertraute sie mir gleich zu Beginn unserer Bekanntschaft an, das sei zu einer Zeit gewesen, als ihr Haar naturblond und die T-Shirts noch nicht ausgeleiert waren.

Ich vermute, ich hatte es ihr zu verdanken, dass ich jeden Tag an meinem Stammtisch einen Besucher empfangen durfte, nein, musste; musste, da ich den Besuch nicht verweigern konnte, was einerseits der Situation geschuldet war, andererseits meiner Unfähigkeit, dieser Unart ein Ende zu setzen. Anfangs verspürte ich den Impuls, die Gespräche abzukürzen; ich ziehe es normalerweise vor, in der Fremde anonym zu bleiben, selbst an dem Ort, den ich Heimat nenne, verursacht die Rolle der Stammkundin in mir ein solch großes Unbehagen, dass ich das Geschäft nie wieder aufsuche, werde ich dort wiedererkannt (Sesshaftigkeit ist eine Begabung, die mir fehlt). Mit der Zeit aber fand ich Gefallen daran, auf die Rolle der Autorin reduziert zu sein: Sie entfernte mich von mir selbst, ich konnte mich buchstäblich hinter dem Wort verstecken. So wuchs in meinem Inneren ein Bild dieses Ortes, der sich grüne Bucht nennt, und von Joan und Danny, die von den Bewohnern dieser Stadt bloß als die Liebenden bezeichnet wurden, *the lovers* – nicht immer war dies wohlwollend gemeint, Danny und Joan waren als Paar auffällig. Ein schwarz-weißes Liebespaar war Anfang der siebziger Jahre nicht einmal in den Straßen Milwaukees Normalität, geschweige denn in einer Kleinstadt wie Green Bay, die damals an die 90 000 Einwohner zählte, von denen die überwiegende Mehrheit in den Papierfabriken arbeitete, die die Ufer des Fox River säumten. Schon vor dem Zweiten Weltkrieg hatte es einen Bevölkerungszuwachs gegeben, die Fabriken hatten mit guter Entlohnung und stabilen Stellen gelockt, danach war die Bevölkerung durch die Kriegsheimkehrer und ihre Familien gewachsen, ganze Stadtteile waren gebaut worden, Häuser in Massenproduktion, doch die Nachbarschaften waren weiß geblieben, dafür hatte man gesorgt. Zwanzig Jahre später hatte sich das Stadtbild kaum verändert, selbst fünfzig Jahre später, zu Beginn des neuen Jahrtausends, erschien Green Bay überraschend homogen; Joan hatte nicht Unrecht gehabt, als sie sagte, ich sei weit und breit die Einzige meiner Art.

Zudem, so stellte es zumindest Ada dar, machten Danny und Joan kein Geheimnis daraus, verliebt zu sein. Leidenschaftliche Umarmungen und Küsse auf der Straße, unentwegtes Händchenhalten, eine derart zur Schau gestellte Liebe war der Bevölkerung unheimlich, viele fragten sich, ob es sich tatsächlich um Liebe handle und nicht etwa um Lust, andere fühlten sich von den öffentlichen Zärtlichkeiten provoziert, glaubten, mit einer politischen Aktion konfrontiert zu sein, mit einer Kampfhandlung, die die Gleichstellung von Afroamerikanern im Speziellen, Minderheiten im Allgemeinen erzwingen wollte. Einige wenige waren überzeugt, in die Dreharbeiten eines Films geraten zu sein, andere meinten in Danny einen Spieler der *Green Bay Packers* zu erkennen; in beiden Fällen wurde er um Autogramme gebeten. Hätte man genauer hingesehen, man hätte den Irrtum sogleich erkannt, denn man wäre auf Unbehagen gestoßen: auf das Unbehagen des Außenseiters.

Warum sich Joan in Danny verliebt hatte, bedurfte keiner weiteren Erklärung, doch niemand stellte die Frage, warum sich Danny in Joan verliebt hatte. Arrogant sei sie gewesen, von sich eingenommen und eingebildet, aber worauf? Sie sei keinesfalls schön oder hübsch gewesen, nicht einmal attraktiv, gut gekleidet, das schon, und groß, aber mit den faden braunen Haaren, den *steifen* Stirnfransen und dem *engen* Gesicht, das durch das glatte Haar noch enger erschien, habe man lieber an ihr vorbeigesehen, als sie angeblickt. Nur ihre Augenfarbe wurde positiv erwähnt. Früher seien ihre Augen strahlend blau gewesen, mehr türkis als blau, funkelnd wie der atlantische Ozean, heute seien sie grau wie alter Beton. Nur einer verteidigte sie, Otis, der jeden Freitag im *Al's* aufkreuzte, um die *Chocolate Chip Cookies* zu verspeisen, die Val die Woche zuvor nicht hatte an den Mann bringen können. Otis war laut eigenen Angaben zwar kein Freund der Familie Truttman, dafür ein Gründungsmitglied der *Green Bay Historical Society*, Präsident des Schachclubs und vor allem ein aufmerksamer Zeitgenosse und Beobachter. Er war es, der mir in aller subjektiven Objektivität, wie es sich für einen selbst ernannten Chronisten gehört, von Joans Mutter erzählte, dem *Monster* –

als Joan neun Monate alt war, packte Caitlin einen Koffer und erklärte, sie werde den Ehemann und das Baby verlassen, um sich selbst zu finden. An dem Abend wurde die Polizei gerufen, Joans Weinen hatte die Nachbarn alarmiert. Bald darauf machte das Gerücht die Runde, James habe seine Frau geschlagen, deshalb sei sie von zu Hause getürmt. Dieser wehrte sich, indem er über Freunde und Bekannte verbreiten ließ, Caitlin sei spielsüchtig und habe einen großen Teil seines Vermögens durchgebracht; kurze Zeit später reichte sie die Scheidung ein. Während der Verhandlung traten Zeugen vor den Richter, die unter Eid aussagten, James' Frau sei eine hysterische Alkoholikerin und nicht imstande, Verantwortung für sich selbst oder für ein Kind zu übernehmen. James beantragte, ihr nicht nur das Sorgerecht für Joan zu entziehen, sondern sie auch zu entmündigen. Richter Connolly war zwar auf seiner Seite, eine Frau, die ihr Baby zurückließ, um sich selbst zu finden, war seiner Ansicht nach geisteskrank, aber, wandte er ein, es sei im Interesse des Kindes und des Mannes, sie ziehen zu lassen, eine Entmündigung ging selbst ihm zu weit. Dem Antrag auf Scheidung wurde stattgegeben, das Sorgerecht dem Vater zugesprochen, was in sämtlichen Zeitungen Milwaukees ausführlich kommentiert wurde und zu Caitlins Spitznamen »Cathy« führte, in Anspielung auf die weibliche Hauptfigur in John Steinbecks Roman *East of Eden*, der gerade die Bestsellerlisten anführte. Die einen meinten, »Cathy« müsse mit allen Mitteln zur Besinnung gebracht werden, und sei es mithilfe einer Elektroschocktherapie, die anderen erklärten, bei ihr handle es sich eindeutig um eine Perversion der Natur – eine Frau, der das kostbarste weibliche Gut, der Mutterinstinkt, fehle –, so eine könne höchstens mit einer Lobotomie zur Besinnung gebracht werden. Alle waren sich jedoch darin einig, dass der Mann zu bemitleiden sei, der zweifellos in die Ehe getrickst worden war.

Laut Otis ließ sich Caitlin von diesen Ferndiagnosen nicht beirren und setzte ihre Suche fort. In Green Bay, 117 Meilen nördlich von Milwaukee, wurde sie fündig. Durch einen Mann namens George Coleman, der ursprünglich Kolehmainen hieß und ein Versicherungskaufmann, Schachspieler und Hobbyjäger war, dazu verwitwet und kinderlos, habe Caitlin zu sich selbst gefunden. Er habe sie zurück in die Gesellschaft geführt und ihre Alkoholsucht besiegt. Die Ehe habe gehalten, schloss Otis seine Geschichte, auch dann, als sie wie aus dem Nichts auftauchte: die ungeliebte Tochter.

Am nächsten Tag wartete Joan auf mich in der Küche. Auf dem Tisch standen eine Kanne dampfender Kaffee zwischen zwei Tassen, daneben ein noch warmer *Coffee Cake*. Es schneite wieder, die Schneeberge hatten begonnen zu schrumpfen, nun würden sie von neuem wachsen, und mit den Schneemassen würde der Garten heller werden, den Himmel im Schimmern übertreffen, und ich würde abermals glauben, Himmel und Erde hätten die Plätze getauscht.

Joan sagte, sie habe gehört, ich schriebe an einer Biografie über Danny. Ob ich, fragte sie vorsichtig, auch ein paar Fragen an sie hätte?

In dem Moment war ich der Ansicht, dass sie die Wahrheit nicht verdiente, daher nickte ich.

Der Mann im Wohnzimmer, fragte ich, der glückliche Mann auf dem Foto, sei das ihr Vater?

Joan lachte. Der glückliche Mann! *How cute.*

Das sei nicht ihr Vater, sie schüttelte heftig den Kopf, ihr Vater sei vieles gewesen, aber nicht glücklich.

James O'Donoghue war ängstlich und misstrauisch, ein Börsenspekulant, der für ein Leben als Beamter besser geeignet gewesen wäre. O'Donoghue Senior war der Spieler gewesen, den die Abenteuerlust nach Amerika und die Aussicht auf ein Leben in Reichtum in die Arme einer nervösen jungen Frau getrieben hatte, die schon in den ersten Ehejahren ein Misstrauen gegen ihren Mann kultivierte, das in zahlreichen Ehedramen gipfeln sollte; die Blicke, die die Eheleute tauschten, reichten später aus, um James das Fürchten zu lehren. Nach dem Tod des Vaters begriff er, dass die Mutter der Fels in der Brandung war, der Stein, der sowohl imstande war, mit den Wellen mitzurollen als auch alles im Weg Liegende zu zermalmen. Ihrem Kopf entsprang der Plan, Caitlin zu verleumden und zu entmündigen. Dass die Entmündigung abgewiesen wurde, war ein Rückschlag für Grandma O'Donoghue, allerdings ein kleiner, hatte sie doch alles andere auf ihrer Liste erreicht.

Sie sei von ihrer Nana aufgezogen worden, sagte Joan, nicht von ihrem Vater. Der habe sich nur in ihre Nähe getraut, wenn die Großmutter abwesend war. James sei nicht fähig gewesen, streng zu sein, und Strenge, das habe zumindest Nana geglaubt, sei das Einzige, was gegen die Mutter in ihr helfe. Waren sie und ihr Vater allein zu Hause, erlaubte er ihr alles, da er sich dafür verantwortlich fühlte, dass sie mutterlos aufwachsen musste: Hätte er nicht versucht, seine Frau mit allen Mitteln zu halten, wäre sie vielleicht geblieben. Mit Selbstvorwürfen dieser Art konfrontierte er Joan schon in jungen Jahren, sodass sie mit der Zeit allen Respekt vor ihm verlor und schließlich verlangte, mit der Mutter wiedervereinigt zu werden; sie war zwölf und Nana tot, das Begräbnis lag bloß ein paar Tage zurück. Als der Vater dieser Bitte nicht nachkam, riss sie von zu Hause aus, kam allerdings nicht weit: An der Bushaltestelle wurde sie wieder eingefangen und in ihren goldenen Käfig zurückgebracht.

Während auf den Straßen Milwaukees für ein Ende der Segregation geworben wurde, warb James bei seiner Ex-Frau für Joan. Caitlin zögerte lange. Schließlich ließ sie sich zu einem Treffen überreden, das aus der Ferne von James überwacht wurde. Bei einem Milchshake unterhielten sich Caitlin und Joan über die vergangenen zwölf Jahre. Joans Glas war noch halbvoll, als ihnen der Gesprächsstoff ausging, doch das Mädchen bestand darauf, die Gesellschaft der Mutter genossen zu haben und sie ab jetzt jeden Sommer zu besuchen, in deren Heim in Green Bay.

Die Sommer in Green Bay waren lang, länger als in Milwaukee, die Zeit verrann nicht, sie stockte, steckte fest in der Feuchtigkeit und Hitze, die einem die Luft zum Atmen nahm. Wäre Joan nicht so ein Dickkopf gewesen, sie hätte es aufgegeben, aus ihrer Mutter eine vorbildliche Frau (sprich: gute Mutter) zu machen. Das Zimmer, das Caitlin und George ihr zur Verfügung stellten, war mehr eine Abstellkammer als ein echter Wohnraum. Sie beherbergte ein schmales Tagesbett und Caitlins Nähmaschine, die sie einmal im Jahr benutzte, wenn sie meinte, den Erwartungen des Frauenvereins entsprechen zu müssen, außerdem alte

Schuhe und Schlittschuhe, einen Handwagen für die Gartenarbeit sowie Caitlins Puppen und Stofftiere, von denen sie sich nicht hatte trennen können. Joan quetschte sich und ihren Koffer dazu, für eine Kommode war in der Kammer kein Platz. Diese Beengtheit führte zu Unmut auf allen Seiten: Joan beklagte sich über Platzmangel, Caitlin, dass sie nun auf Dinge, die sie vorher nicht gebraucht hatte, verzichten müsse, und George empfand es als lästig, diesem Gejammer zuzuhören. Er löste das Problem, indem er sich in sein Wochenendhäuschen in Door County zurückzog und erst wieder heimkehrte, nachdem Joan den Greyhound nach Milwaukee bestiegen hatte. Während einer dieser Aufenthalte fand er in der Hütte, die sein finnischer Großvater gemeinsam mit seinem finnischen Vater gebaut hatte, ein Exemplar von Hitlers *Mein Kampf* in englischer Übersetzung. Diesen und die folgenden fünf Sommer verbrachte er mit Mutmaßungen darüber, wie sein Großvater und sein Vater zu einem Buch gekommen sein mochten, das sie nicht lesen, geschweige denn verstehen konnten. Sie waren wie die meisten Finnen als Holzfäller nach Amerika gekommen und hatten es irgendwann zu einer eigenen Holzmühle gebracht, fürs Lesenlernen war nie Zeit gewesen; sie waren Analphabeten geblieben.

Trotz ihrer Meinungsverschiedenheiten rauften sich Joan und Caitlin immer wieder zusammen. Das Mutter-Tochter-Drama endete zwar stets in Tränen und der Anschuldigung, die Mutter habe die Tochter nie gewollt, doch komischerweise reichte Caitlins halbherzige Beteuerung, so sei es nicht gewesen, um einen endgültigen Bruch zu verhindern. Das Band zwischen ihnen war dünn, spröde, in Wahrheit existierte es bloß in Joans Vorstellung, die sie aus Büchern über aufopfernde, hingebungsvolle Mütter übernommen hatte. Dass Caitlin unter *mother* etwas Anderes verstand, begriff Joan in ihrem letzten Jahr an der Highschool. Von nun an sah sich George gezwungen, seine Frau mit in die Hütte zu nehmen, wo er nicht mehr die Zeit fand, um über den Geisteszustand seiner Vorfahren nachzugrübeln, denn Joan hatte Caitlin geschrieben:

Dear Mother,

FUCK YOU.

J.

Joan grinste. Leider habe sie etwas Anderes geschrieben, etwas Harmloses, eine Ausflucht. Anschließend habe sie sich mehrere Jahre lang nicht gemeldet und Caitlin damit wahrscheinlich einen Gefallen getan. Das hätten sie und Danny gemeinsam, sagte sie, Mütter, die lieber keine gewesen wären; sie seufzte. Ob ich eine habe, die diesen Titel verdiene?

Ich war nicht sicher, was ich darauf antworten sollte, daher sagte ich knapp, ich sei bei meinem Vater aufgewachsen.

Right.

Joan nickte, sie könne sich jetzt wieder erinnern, aber nicht, ob ich eine Halbwaise sei oder eine Verlassene. Eine Verlassene, sagte ich im Wissen, dass diese Antwort eine Lawine von Fragen lostreten würde. Ob meine Mutter mich verlassen habe, kam auch schon die erste auf mich zu. Nicht ganz, sagte ich; kurioserweise fühlte ich mich bemüßigt, sie zu verteidigen. Was das heiße, *nicht ganz*, fragte Joan. Meine Eltern hätten sich viele Jahre nach meiner Geburt getrennt, erklärte ich und betonte, im Einvernehmen.

Sie sah mich nachdenklich an. Ob ich meine Mutter oft besucht hätte, fragte sie. Ich schüttelte den Kopf. Ich weiß nicht, warum ich verschwieg, dass ich Mutter, sobald Vater mir zutraute, allein zu reisen – und sein Vertrauen in meine Selbständigkeit war groß, wenn es darum ging, die eigene Unabhängigkeit zu sichern –, jeden Sommer besuchte; dass ich den ganzen Juli in ihrem *One Room Apartment* in Seoul im neunten Stock verbrachte. Warum ich ausgerechnet im Juli, in der Monsunzeit, nach Korea flog, weiß ich nicht mehr, ich hatte vorher noch nie solch einen unerbittlichen Regen erlebt. Der Himmel schien sich aufzulösen, zu zerfließen, während ich vor dem Ventilator saß und Mutter, die ich nie Mutter nannte, sondern Ha wie *Herz, mein Herz*, Vaters Worte, beim Üben zuhörte. Ich erinnere mich an ihr Cello-Spiel, an einzelne Noten, die in der Luft hängen blieben, lange nachdem sie hätten verklingen sollen. Die Nachmittage verbrachte ich allein, da Ha unterrichtete, sie war Komponistin und auftragslos. Mehr als einmal nahm ich den Aufzug ins Erdgeschoss, obwohl sie mir eingeschärft hatte, die Wohnung nicht zu verlassen. Ich stieg aus der Kabine, ging die wenigen Meter zum Haustor und öffnete sie; steckte meinen Kopf ins Freie, Lärm, Gestank, Hitze und Feuchtigkeit umfingen mich, ich lief zurück zum Aufzug und fuhr erneut in ihre Garçonniere, wie ich mir nicht nehmen ließ, ihre Wohnung zu nennen, hauptsächlich deshalb, weil sie das Wort nicht aussprechen konnte. In meinem Maturajahr heiratete sie erneut und versprach, mich in Wien zu besuchen. Sie brach das Versprechen; ich sah sie nicht wieder.

Laut sagte ich, Mutter sei Ende der achtziger Jahre nach Seoul zurückgekehrt, damals sei es schwierig gewesen, zwischen Südkorea und Österreich zu pendeln. Joan warf mir einen fragenden Blick zu. Teure Flugtickets, erklärte ich, Kalter Krieg, lange Reise. Kalter Krieg?, fragte sie. Angst vor nordkoreanischen Terroranschlägen, sagte ich. Lange Reise?, fragte sie. Zweiundzwanzig Stunden plus Zwischenlandung in Alaska, sagte ich. Alaska?, fragte sie. Anchorage, sagte ich. Wann ich meine Mutter das letzte Mal gesehen hätte, fragte sie. 1996, sagte ich. Und seither nicht?, fragte sie. Ich schüttelte den Kopf. Sie nickte langsam. *Welcome to the club.*

Ob sie mich sofort erkannt hätte, fragte sie. Natürlich, sagte ich. Dann, erklärte sie, sei es mir besser ergangen als Danny –

das Einzige, was Carol etwas bedeutete, war Golf. An jedem Amateurturnier nahm sie erfolglos teil, bei jeder Witterung trainierte sie. Nur wenn es schneite, blieb sie zu Hause; sie hasste Schnee. Danny, selbst kein Golfer, wurde ihretwegen Mitglied im Golfclub. Er hoffte auf einen günstigen Augenblick, um mit ihr ins Gespräch zu kommen. Günstiger Augenblick, sagte ich, den gibt es nicht, sprich sie einfach an, wenn du sie siehst. Du hast deine gesamte Kindheit darauf gewartet, deine gesamte Jugend, nun kennst du ihren Namen, du weißt, was sie jeden Vormittag macht, worauf wartest du noch? Auf den günstigen Augenblick, antwortete Danny und machte keine Anstalten, mit dem Warten aufzuhören. Endlich brach er auf in den Golfclub, ausgestattet mit neuer Hose, neuem Hemd und einer Baseballkappe, die Tiger Woods alle Ehre gemacht hätte. Nach seiner Rückkehr erzählte er, dass sich ein Kontakt ergeben habe. Ein Kontakt?, fragte ich. Er nickte geheimnisvoll. Er habe sich ihr genähert, sagte er, und plötzlich habe sie ihn zu sich gerufen. Er habe gedacht, dass sie ihn erkannt hätte. Sie habe Green Bay nie verlassen, warum hätte sie nicht damit rechnen sollen, eines Tages ihrem Kind über den Weg zu laufen, vielleicht hatte sie ja sogar insgeheim darauf gehofft. Er sei zögernd auf sie zugegangen. Er habe eine Hand gehoben und gewinkt. Zu seiner großen Überraschung habe sie zurückgewinkt. Er habe dies als Aufforderung verstanden, zu ihr zu gehen. Er habe sich beeilt und sei vor Nervosität gestolpert. Als er vor ihr gestanden sei, habe die Sonne ihn geblendet, und er habe seine Augen schließen müssen. Sein Herz habe laut gepocht, er habe die Schläge gezählt. Sie habe ihn nicht begrüßt, sondern gefragt, ob er für den Rasen zuständig sei. Am elften Loch müsse er ausgebessert werden –

er habe die Clubmitgliedschaft verfallen lassen, obwohl sie gesagt habe, er brauche nicht wehleidig zu sein, Carol sei nicht die Erste, die ihn für den Platzwart gehalten habe, und sie werde nicht die Letzte sein. Heute bereue sie diesen Satz, sagte Joan, er habe sich in ihrer Erinnerung eingenistet, nachts tauche er in Form eines Echos auf, das nicht verstummen will, im Gegenteil, es werde immer lauter. Schon seit längerem habe sie das Problem, dass sie heimgesucht werde von vergangenen Bildern, *scenes from the past*, die manchmal belanglos, manchmal wichtig waren, aber an die sie, seit sie sich ereignet hatten, nicht mehr gedacht habe. Sie habe schon mit dem Gedanken gespielt, alle Erinnerungsstücke zu vernichten, sie im Garten zu verbrennen, alle Briefe, alle Tagebücher, alle Postkarten, sie habe ohnehin nicht vor, sie jemals wieder zu lesen, vielleicht wäre sie dann den Fluch los. Nicht nur die Wiederholung sei eine Folter, es seien vor allem die Gefühle, die diese Erinnerungen in ihr auslösen: Mit jedem Akt des Erinnerns würden sie stärker, fühlten sich *frischer* an. Und jedes Mal nach dem Aufwachen frage sie sich, und sie könne das Grübeln nicht abstellen, wie ihr Leben verlaufen wäre, hätte sie anders reagiert, sich anders entschieden. Hätte sie Danny zum

Beispiel nicht gesagt, dass Irene ins Krankenhaus eingeliefert worden war –

von Frank, seinem Adoptivvater, hat er sich das Auto geliehen, von Josh ein weißes Hemd, von Peter eine elegante Hose. Er ist aufgeregt, nicht nur wegen der Prüfung, dies soll auch seine erste lange Autofahrt werden. *Road trip.* Ein Zwischenstopp ist in Chicago geplant, einer in Cleveland und einer bei White Haven. Joan kann ihn nicht begleiten, sie muss am nächsten Tag unterrichten, sie hat gerade erst an der St. Mary Highschool als Deutschlehrerin begonnen. Danny meint grinsend, das sei ohnehin besser, dann könne er die Nächte im Auto pennen. Aber in der letzten Nacht, der Nacht vor der Prüfung, werde er sich doch ein Motelzimmer nehmen, fragt sie besorgt. Sein Grinsen wird breiter. Er zuckt mit den Schultern. Seine Brüder johlen und feuern ihn an. Danny steigt ins Auto, hupt dreimal und fährt los. Frank hebt die Hand zum Abschied, Irene hat feuchte Augen. Er werde New York im Sturm erobern, an der Juilliard School werde man sich um ihn reißen, ruft sie ihm nach. Eine Stunde später hat sie einen Herzinfarkt. Da Danny versprochen hat, *bei jeder Tankstelle anzuhalten und anzurufen*, bleibt Joan zu Hause beim Telefon, während die anderen im Krankenhaus warten. Sie ist nervös. Sie weiß nicht, was sie tun soll. Soll sie ihm von Irenes Zustand erzählen oder nicht? Sie ahnt, dass er sofort umkehren würde. Danny liebt *seine Irene*, für sie möchte er Schauspieler werden. Über den Rest der Familie sagt er, er sei ihr Haustier, anfangs sei er noch ein Schoßhund gewesen, heute sei er der Köter, den man im Garten leben lässt, weil man ihn nicht auf die Straße setzen möchte. Irene hingegen ist seine *Mom* –

Joan schüttelte den Kopf. Irene hätte nicht gewollt, dass

er die Reise abbricht, sie hätte gewollt, dass er weiterfährt, die Prüfung ablegt und besteht, doch Danny sei sofort umgekehrt, er habe sie nicht einmal ausreden lassen. Erst als sie seine Schritte in der Einfahrt hörte, habe sie begriffen, wie viel Hoffnung ihr diese Prüfung gegeben hatte, wie viel Kraft. Ein Platz an der Juilliard wäre der Weg hinaus gewesen. In Green Bay gebe es keine Zukunft, habe sie Danny nach Irenes Begräbnis gesagt, weder für ihn noch für sie, hier werde er Burger grillen und sie Deutsch unterrichten, bis sie umfallen. Danny habe nicht hören wollen, er habe beteuert, er werde die Prüfung eben nächstes Jahr ablegen, das sei sogar besser, ein Jahr mehr, um zu lernen, ein Jahr mehr, um zu proben. Sie sei skeptisch gewesen; sie habe befürchtet, er werde sich auch im folgenden Jahr vor der Prüfung drücken, und sie habe recht behalten. Er habe die Prüfung immer wieder verschoben, bis er zu alt war. Niemand wolle einen dreißigjährigen Schauspielschüler, habe er ihr schließlich erklärt. Sie habe geschwiegen, die Lippen zusammengepresst und geschwiegen –

was hätte ich auch sagen sollen? Dass ich wünschte, ich hätte ihm damals nicht erzählt, dass Irene im Krankenhaus lag? Aber hätte das wirklich etwas geändert? Der Ort drückt den Menschen seinen Stempel auf, prägt und formt sie. Danny war keine Ausnahme, er hing an dieser Stadt, hing an ihr fest. Er war ausgesprochen begabt, aber er war davon überzeugt, dies nur in Green Bay zu sein, das wirklich Außergewöhnliche, Überdurchschnittliche komme von außerhalb. Er war in einem Dilemma gefangen: Er war nicht wie alle anderen, ihm war Gleichheit verwehrt, Überdurchschnittlichkeit aber, das Zeug zum Star, war auch nicht in seiner Reichweite, weil er trotz allem zu sehr wie alle anderen war. Die Überzeugung, durchschnittlich zu sein, *un-*

umstößlich unscheinbar, ist fest in den Köpfen der Einheimischen verankert. Sie spiegelt sich auch im Stadtbild wider, in den Gebäuden, Straßen, Auffahrten, Überführungen und Brücken, die nicht anders können, als Imitationen zu sein, Abdrücke. Green Bay ist eine Stadt ohne Eigenschaften, ein Gebilde in Grau, das auf einer ehemaligen Sumpflandschaft sitzt; im Sommer leugnet es seine Herkunft nicht länger und beschwört eine unerträgliche Schwüle herauf, dann machen Moskitoschwärme das Gebiet unsicher, verleihen ihm, zumindest eine Zeitlang, Originalität … Aber was passiert, wenn man in seinen Wünschen die Unscheinbarkeit pflegt? Was, wenn man seine Hoffnungen eindampft, bis kaum noch etwas übrig ist –

Joan nahm mich bei der Hand, zog mich ins Wohnzimmer und deutete auf die Fotografie –

dann hängt man das Bild eines Fremden an die Wand und nennt es *Father*.

Das Foto stamme aus einer Ausstellung des *Neville Public Museum*. Danny habe es in der Wühlkiste im Museumsshop entdeckt. Er habe gesagt, so stelle er sich seinen Vater vor, sein Leben mit ihm. Er habe es an sich genommen und sich an der Kassa angestellt. Dann werde er sich eben die Erfahrung kaufen, die Carol ihm vorenthielt, habe er gesagt.

Ehe ich die Frage stellen konnte, sagte Joan, nein, am hellen Teint habe er sich nicht gestört, an den sei er gewöhnt.

Die meisten Gespräche führten wir in Joans Auto zwischen alten Parktickets, leeren Plastikflaschen und verschiedensten Kleidungsstücken, Jacken, Mützen, Handschuhen. Joan hielt sich für unsentimental, tatsächlich war sie außerstande, sich von Erinnerungsstücken zu trennen, jedes Kinoticket, jeder aufgelesene Stein fand einen Platz in ihrem Heim, das auf seine Art ein Album war, ein Gedächtnis. In dieser Hinsicht glich ihr unbewegliches Haus dem beweglichen, wenn auch ihr Zuhause geordneter war als ihr Chevy. Da die Schneemassen nicht weniger werden wollten, fuhr sie mich überallhin, mit dem Bus durch die Stadt zu ruckeln oder durch den Schnee zu stapfen war ihrer Meinung nach unzumutbar. Obwohl ich ihr schließlich gestand, weder einen Roman noch eine Biografie über Danny zu schreiben, ließ sie sich nicht davon abbringen, mir während dieser Fahrten zu erklären, wer der Mensch Daniel Truttman sei, dabei konnte ich mich des Eindrucks nicht erwehren, dass sie nicht zu mir, sondern zu ihm sprach, unterbrochene Gespräche fortsetzte. Sie selbst verschwand in ihren Worten, auch ihre Stimme wurde leiser, bis nur noch einzelne Wörter vernehmbar waren, aber ich fragte nicht nach, da ich den Strom der Sätze nicht unterbrechen wollte.

Wir waren auf dem Weg nach Door County. Joan hatte versprochen, mir Georges Hütte zu zeigen, die sie (zu ihrer großen Überraschung) nach Caitlins Tod geerbt hatte. Es war neblig, doch das war im März normal, üblicherweise klarte es am Nachmittag auf. Inzwischen hatte die Kälte ihren Griff etwas gelockert, in der Wolkendecke glaubte ich sogar Sonnenlöcher zu erkennen.

Joan war vollkommen aufs Fahren konzentriert, ich war im Begriff, einzunicken; unvermittelt begann sie zu sprechen. An Carol, sagte sie, sei Danny im Grunde nicht interessiert gewesen, er habe sich nie vorgestellt, wie es wäre, ihr Sohn zu sein. Die Ablehnung, die er als Säugling erfahren hatte, habe ihn sein Leben lang in Form von Geschichten und Gerüchten begleitet, die Einzelheiten hätten sich je nach Erzähler geändert, nicht aber die Zurückweisung. Carol nicht zu vermissen sei zu einer Strategie geworden, einer Überlebensstrategie, sie nicht nur nicht zu vermissen, sondern ihre Verschmähung zu verschmähen. Joan drosselte das Tempo. Niemand habe ihn diesen Teil seiner Biografie vergessen lassen, niemand habe sich seiner erbarmt.

Noch während ich an diesem Wort drückte und kratzte, es ist ein so seltenes, exotisches *Tier*, Erbarmen, sagte sie, das Kultivieren der Sehnsucht sei eine feindliche Handlung, wie könne man behaupten, einen Menschen zu lieben, wenn man sich gleichzeitig nach einem anderen Leben sehne. Sie habe nie eine Chance gehabt, sagte sie, ebenso wenig Frank, der unechte Vater –

findet er den echten Vater, glaubt Danny, ist die Vergangenheit relativiert, und mit dieser Relativierung wird sich ein Kapitel seines Lebens schließen, das ihm aufgezwungen wurde. Findet er noch dazu den Vater aus eigener Kraft, ist er davon überzeugt, vom Stigma des Opfers befreit und als Mensch wiederhergestellt zu sein. Dieses Ziel ist das neue New York, alle Bemühungen richten sich fortan darauf: *Finde den Vater, finde das Glück.* Nach der verunglückten ersten Begegnung im Golfclub schreibt Joan Carol einen Brief, schlägt ein Treffen zu dritt vor. Carols Antwort lässt auf sich warten, zwei Monate braucht sie, um Joan anzurufen. Sie sei nicht sicher, ob ein Treffen eine gute Idee sei, beginnt sie zögernd, *aber vielleicht sollten wir es versuchen.* Sie gibt Joan ihre Adresse und lädt sie und Danny zum Abendessen ein. Danny ist darüber nicht wirklich erfreut, alles, was ihm Irene und Frank über Carol erzählten, hat er in der kurzen Begegnung im Golfclub bestätigt gesehen. Doch um seinen Vater zu finden, der in seinen Augen wie er ihr Opfer ist, nimmt er es in Kauf, sie kennenzulernen –

wir erreichten die Landstraße, die nach Sturgeon Bay führte. Der Nebel hatte sich nicht gelichtet, im Gegenteil, er schien undurchdringlich geworden zu sein, noch eine Stunde zuvor hatte ich mehr und weiter gesehen, ich hatte Bäume in der Ferne ausmachen können, Strommasten. Eine Einbildung, meinte Joan verunsichert. Sie fuhr mittlerweile so langsam, dass ich den Eindruck hatte, wir stünden still, allerdings konnte ich nicht anders, als in den Nebel zu starren; jedes Schauen mutierte zu einem Starren, und je länger ich starrte, desto tauber fühlte ich mich, als schliefe ich mit offenen Augen. Dieser Nebel war eine Weiterentwicklung des Schnees, auch er verdeckte, verbarg die Welt, das war seine Natur, das war sein Zweck, und was war konsequenter, als das Sehen selbst zu sabotieren? Die Welt im Auge des Betrachters auszulöschen, eine Erblindung herbeizuführen, durch Myriaden von Wassertröpfchen.

Ich sagte, Sichtbarkeit sei eine Bürde; der Satz entkam mir, er war nicht für Joan gedacht. Sie murmelte, ohne mich anzusehen, dass ich meine Aussage präzisieren müsse, gerade jetzt wünsche sie sich mehr Sichtbarkeit, andernfalls würden wir unser Ziel erst in ein paar Tagen erreichen. Ich schlug vor, bei der nächsten Raststätte Halt zu machen, ein Kaffee würde uns guttun. Sie stimmte zu, und die nächsten Minuten verbrachten wir mit dem Spiel *I spy with my little eye*.

Endlich entdeckte Joan einen Farbfleck in der Ferne, einen roten Giebel, der sich gegen das dichte Grau behauptete. *Belgian Delight* nannte sich das Restaurant, es war vollkommen verlassen, als wir es betraten. Wir setzten uns ans Fenster, obwohl es nichts zu sehen gab. Die Kellnerin, eine mollige Blondine, Vals Zwilling, die sich als Claire vorstellte, brachte uns zwei Becher Kaffee. Ich bestellte ein Stück

Lava Cake, es schien mir unrecht, in einem belgischen Lokal zu sitzen und keine Schokolade zu probieren; ich hätte es unterlassen sollen, es war natürlich amerikanische Schokolade, nicht belgische, wie in der Karte angegeben. Ich legte meine Gabel an den Rand des Tellers; Joan begann, meinen Kuchen mit ihrem Löffel zu traktieren.

Darauf wäre sie nicht gekommen, sagte sie (mit vollem Mund). Worauf?, fragte ich. Darauf, dass ich gemischt sei, antwortete sie, ich sehe durch und durch asiatisch aus. Sie betrachtete mich (zum wiederholten Male) eingehend. Ob ich meiner Mutter ähnlichsehe, fragte sie. Ähnlicher, sagte ich. Sie nickte und kaute. Welchem Kulturkreis, fragte sie, fühle ich mich verbundener, dem europäischen oder dem asiatischen? Oder sei ich gar eines dieser verstreuten, wurzellosen Geschöpfe, weder hier noch dort zu Hause? Sie blickte aus dem Fenster. Es könne doch nicht sein, brummte sie, dass das Aussehen gar keinen Einfluss auf das Empfinden habe.

Ich reagierte gereizt; schon seit Wochen wartete ich auf ein Ende des Winters. Die Kälte und der Schnee, die die Welt verpackt hielten, nicht einmal einen kurzen Blick auf das Unverpackte, das Unverhüllte erlaubten, hatten sich auf mein Gemüt geschlagen.

Ich besäße Wurzeln, sie seien eindeutig da und hätten einen eindeutigen Ursprung, biss ich zurück. Seit ich denken könne, versuche man, mir eine Wurzellosigkeit anzudichten oder eine Wurzel zu verpassen, mit der ich nichts anfangen könne. Die vermeintliche Wurzellosigkeit entspringe ebenso einem *racial profiling* wie das *Konnichiwa* der Gemüsehändler auf dem Naschmarkt. Ob ich mit der eindeutigen Wurzel, unterbrach mich Joan ungerührt, die väterliche meine. Ich bejahte. Und was sei mit der mütterlichen, fragte sie. Die sei vernachlässigbar, antwortete ich, ich hätte kaum Zeit mit meiner Mutter verbracht. An die ersten drei Jahre meines Lebens könne ich mich nicht erinnern, und die Erinnerungsfetzen, die diesen Jahren folgen, seien wertlos, vereinzelte Begegnungen mit einer Bekannten. Und doch habe sie viel Zeit mit mir verbracht, entgegnete Joan. Inwiefern?, fragte ich irritiert. Sie stecke in mir, sie sei präsent, auch wenn ich es nicht wahrhaben wolle, sagte Joan. Jedes Mal, wenn ich in den Spiegel schaue, jedes Mal, wenn ich mein Spiegelbild sehe, insistierte sie, sei sie da, das müsse doch Auswirkungen auf mich gehabt haben. Im Gegensatz zu ihr, entgegnete ich, sehe ich mich, wenn ich in den Spiegel sehe, ich sehe die Narbe auf der Stirn, die ich mir in meiner Kindheit zugezogen habe, als ich von der Couch fiel, ich sehe Wimpern, von denen ich mir wünschte, sie wären länger, und ich entdecke graue Haare unter den braunen.

Joan sah mich skeptisch an. Könnte es sein, begann sie von Neuem, dass ich die Asiatin in mir nicht wahrnehme? Das Asiatische sei viel sichtbarer als das Europäische, es verlange geradezu danach, gesehen zu werden. Entweder belüge ich mich selbst und verleugne meine Herkunft, erklärte sie, oder –

sie wollte sich nicht davon überzeugen lassen, dass ich in mir hauptsächlich mich selbst sah, weder eine Asiatin noch eine asiatische Österreicherin, sondern Fran, *simply Fran*, und ich wollte nicht zugeben, dass ihr Misstrauen eine (kleine) Berechtigung hatte … Ich habe nie verstanden, warum die Herkunft meiner Mutter schwerer wiegen soll als die meines Vaters. Zuerst glaubte ich, mein Umfeld sähe die väterliche Seite nicht, sei dagegen immun, später begann ich mich zu fragen, ob diese *Blindheit* eine Entscheidung war: Ob die Mehrheit beschlossen hatte, bloß die eine Kategorie Mensch in mir zu sehen. Andererseits konnte ich Joans Unverständnis sehr wohl nachvollziehen: Als Kind hatte es mich gekränkt, dass Vater anders aussah als ich, und ich erinnere mich, ihn mehr als einmal gefragt zu haben, ob es ihn genauso störe wie mich. Doch ehe er antworten konnte, mischte sich meine Großmutter, die ich Barbara nannte, obwohl sie Hilde hieß, in unser Gespräch, und immer würgte sie es ab, indem sie ausrief, was ich wieder für einen Blödsinn verzapfe, ich sähe genauso aus wie er. Sie hatte auch Beweise zur Hand, sie steckten überall in ihrer Wohnung zwischen Büchern und hinter Bilderrahmen. Auf ihnen war tatsächlich eine Ähnlichkeit festzustellen, allerdings handelte es sich bei den Aufnahmen ausnahmslos um Schwarz-Weiß-Fotos, die meisten waren verwackelt und das Gesicht meines Vaters darauf so klein wie eine Erbse. Schließlich sprach ich das Thema nicht mehr an, aber ich fragte mich, ob es ihn traf, wenn man sich danach erkundigte, wann er mich adoptiert hätte, ob als Säugling oder als Kind; wenn man von mir als der *kleinen Asiatin* sprach, im Gegensatz zu ihm, dem *großen Europäer*. Es stand zwischen uns, *es*, was auch immer es war. Und je heftiger Joan wurde, je vehementer sie darauf bestand, recht zu haben, desto stärker spürte ich *es* wieder, meine Haare verloren ihren leichten Rotton, meine Lidfalten wurden schwerer und meine Augenwinkel spitzer –

manchmal fühle ich mich wie eine optische Täuschung, als wäre ich nicht die, die ich vorgebe, zu sein, ein Schaf im Wolfspelz, wobei ich in der Verkleidung geboren wurde, das heißt als Wolfsschaf; vielleicht wäre es präziser, von mir als Illusionsmalerei zu sprechen, Fälschung kann ich ausschließen, da ich, wie gesagt, an meinem Zustand unschuldig bin. Wenn ich nun eine fabrizierte Illusion bin, stellt sich die Frage, ob mein Aussehen die Täuschung ist und mein Inneres die Wahrheit, oder ob es umgekehrt ist, das Aussehen das Wahre, meine Seele das Gegenteil. Gehe ich von den Reaktionen meines Umfelds auf mich aus, gehe ich davon aus, dass die Menschen mit Unverständnis auf die (schlechte) Täuschung reagieren, auf *das, was nicht stimmt,* ist mein Aussehen im Recht und ich im Unrecht – wie könnte Biologie jemals irren?

Ein Räuspern ertönte von der Theke. Ob wir noch etwas bestellen wollen, rief Claire in einer Lautstärke, die für die Größe des Raumes unangemessen war. Wir drehten uns ruckartig um. Joan rief, eine Suppe bitte. Die Tagessuppe?, fragte Claire. Gemüse?, fragte Joan. Yep, antwortete Claire. Yup, antwortete Joan. Und die Miss?, fragte Claire. Nichts für mich, rief ich; auch ich klang schriller als sonst. Oder doch, sagte ich und dämpfte meine Stimme, ein Sandwich. Mit Ei?, fragte Claire. Ja, sagte ich. Ein oder zwei Eier?, fragte Claire. Eines bitte, sagte ich. Gebraten?, fragte Claire. Yep, sagte ich. Speck?, fragte Claire. Nein, sagte ich. Käse?, fragte Claire. Yup, sagte ich. Kaffee?, fragte Claire. Yup, sagte Joan. O.k., sagte Claire und verschwand in der Küche. Mit einer Thermoskanne tauchte sie wieder auf. Der Kaffee war lauwarm und bitter.

Das Licht im Raum hatte sich verändert, es war heller geworden, draußen war es jedoch unverändert grau. Joan drehte sich zum Fenster, also schlenderte ich zur Theke, die, wie ich feststellte, tatsächlich klein war, höchstens einen Meter breit, der restliche Tresen bestand aus einer Glasvitrine, in der sich kleine Katzenfiguren befanden, Kätzchen aus Porzellan, Ton, Holz und Plastik, auch Katzenaccessoires waren zu sehen, Wollknäuel, Stiefel und Mäuse. Claire deutete mit ihrem Kopf auf eine Figur und sagte, die Yogakatze habe sie am liebsten, danach auf ihre Hand, das Sandwich sei fertig, und ich wanderte langsam zurück an unseren Tisch.

Es begann mit einem seltsamen Geschmack im Mund: Jedes Mal, wenn Danny etwas Deftiges gegessen hatte, meinte er eine eigenartige, bittere Schärfe zu schmecken. Er gab Joans Kochkunst die Schuld. Da sie eine miserable Köchin war, erschien ihr das plausibel; sie versprach, sich zu bessern, und belegte einen Kochkurs. Mexikanisches Essen mochte er am liebsten, also lernte sie von Señora Camila, wie man Mole Poblano zubereitet. Dannys Begeisterung hielt sich in Grenzen, er hatte auf Burritos und gefüllte Tacos gehofft, die Chilis brannten nicht nur in seinem Bauch und auf der Zunge, ihr Aroma hinterließ auch wieder diese bittere Schärfe, die ihm zunehmend zu schaffen machte. Joan drängte ihn, einen Heilpraktiker aufzusuchen. Dieser erklärte, Danny müsse von nun an ohne Gewürze auskommen, außerdem alle roten Gemüsesorten wie Tomaten, Paprika und Chilis, zudem Zwiebel und Knoblauch meiden. Pfeffer war nicht mehr erlaubt, nur noch Salz. Schließlich ernährte sich Danny bloß noch von Brot, Erdnussbutter und Milch. Der unangenehme Geschmack im Mund kehrte zwar nicht wieder, verschwand aber auch nicht völlig. Etwa zu dieser Zeit begann er über Schlaflosigkeit zu klagen. Er wachte normalerweise zwei bis drei Mal in der Nacht auf, doch nun fand er nicht mehr in den Schlaf zurück. Seine nächtlichen Wanderungen durch das Haus weckten Joan. Sie schlug ihm vor, es mit Lesen zu versuchen. Er bat um einen dicken Roman, sie gab ihm *East of Eden*, jene

Ausgabe, die sie erstanden hatte, nachdem sie herausgefunden hatte, dass man ihre Mutter einst »Cathy« genannt hatte. Danny las das Buch nicht, sondern stellte es auf seinen Nachttisch wie eine Schutzwand, die den Schlaf davon abhalten sollte, zu fliehen. Nachdem auch der Roman nicht die gewünschte Wirkung entfaltet hatte, zerrte Joan Danny zum Psychiater, der erklärte, der *Patient* leide an einer Depression.

Danny wehrte sich gegen die Diagnose. Er sei weder traurig, beteuerte er, noch fühle er sich minderwertig. Die Antidepressiva, die ihm verschrieben wurden, nahm er nicht. Joan war mit ihrer Geduld am Ende; sie hegte schon seit langem den Verdacht, dass etwas nicht stimmte. Trotz seiner Beteuerungen hatte sie ihn oft niedergeschlagen erlebt, sie hatte es zuerst darauf geschoben, dass er seinen Traum von einer Broadwaykarriere hatte aufgeben müssen, nun fragte sie sich, ob es umgekehrt gewesen war: ob die Traurigkeit ihn davon abgehalten hatte, zur Prüfung anzutreten. Sie bestand darauf, dass er sich ihr anvertraute, versuchte, das Sprechen zu erzwingen. Er schwieg, anfangs trotzig, mit der Zeit jedoch hilflos; er wusste nicht, wie er ein *Geständnis* dieser Art beginnen sollte. Sie missverstand ihn, glaubte, er lehne ihre Hilfe ab, lehne *sie* ab. Es verletzte sie und machte sie wütend, und wütend und verletzt wütete sie selbst, verletzte sie selbst. Er scheute davor zurück, über seine Adoption zu sprechen, also sprach sie ihn darauf an. Sie fragte ihn wie beiläufig, ob er es sich jemals gewünscht hätte, von einer afroamerikanischen Familie adoptiert worden zu sein. Wieso das?, fragte er. Weil schwarze Eltern womöglich mehr Verständnis für ihn gehabt hätten, antwortete sie; für seine Situation. *Meine Situation*, wiederholte er, dann räusperte er sich. Seine Eltern hätten ihre Sache gut gemacht, sagte er knapp, er habe sich nie unverstanden gefühlt. Es war offensichtlich, dass er nicht mehr sagen wollte, doch sie ließ nicht locker. Ob er sich denn keine afroamerikanischen Freunde wünsche, fragte sie. Wieder sah er sie überrascht an, überrascht und getroffen. Er habe gute Freunde, sagte er, warum mache sie sie schlecht. Sie verteidigte sich. Das sei nicht ihre Absicht, sie habe sich nur gefragt –. Er unterbrach sie. Sie habe sich nur gefragt, ob er glücklicher unter *seinesgleichen* wäre. Wolle sie ihn auch wegschicken, fragte er wütend. Zurück zu den Schwarzen? Oder am besten gleich in seine Heimat? Nach Afrika?

Die Heftigkeit seiner Reaktion schockierte sie, sie hatte nicht damit gerechnet: weder damit, dass er ihr solche Gedanken zutraute, noch damit, dass er sich derlei offenbar schon öfter hatte anhören müssen. Sie wusste nicht, was sie antworten, wie sie reagieren sollte. Mehr aus Hilflosigkeit als aus Wut lief sie aus der Wohnung, rannte in Jogginghose und T-Shirt aus dem Haus. Es war ein warmer Frühsommerabend. Sie irrte durch die Stadt. Zum ersten Mal in ihrem Leben bemerkte sie, wie wenig sich das Stadtbild veränderte, wenn man zu Fuß unterwegs war, wie groß die Entfernungen zwischen den Gebäuden waren. Ihr war auch nicht bewusst gewesen, wie leer die Gehsteige tagsüber waren, wie deplatziert man sich als Fußgänger fühlte. Plötzlich meinte sie zu wissen, was in Danny vorging. An der Busstation drehte sie um. Sie nahm sich vor, sich zu entschuldigen, sie war der Angreifer, den Gedanken wiederholte sie, um ihn nicht zu vergessen. *Nicht ich bin das Opfer, ich bin der Täter –*

bei ihrer Ankunft ist die Wohnung leer. Sie wartet im Schlafzimmer auf Danny; obwohl sie nervös ist, schläft sie ein. Am nächsten Morgen findet sie ihn schlafend auf der Couch im Wohnzimmer. Er schnarcht leise. Sie weckt ihn nicht. Sie schleicht zurück ins Schlafzimmer und horcht auf Laute aus dem Nebenraum. Es ist Sonntag, sie muss nicht in die Schule. Sie versucht, Hausaufgaben zu korrigieren, kann sich jedoch nicht konzentrieren. Endlich hört sie das Sofa quietschen. Sie zögert. Soll sie ihm noch etwas mehr Zeit geben? Sie steckt ihren Kopf vorsichtig durch den Türspalt. Er reibt sich die Augen, fährt sich durch die Haare, gähnt. Schließt die Augen, öffnet sie wieder. Er entdeckt sie, atmet laut aus und fragt mit einer Stimme, die noch Risse vom Schlaf hat: Warum kannst du mich nicht so akzeptieren, wie ich bin?

Joan räusperte sich. Sichtbarkeit sei eine Bürde, da gebe sie mir recht. Seine Sichtbarkeit habe vieles erschwert, sie sei auch nicht im mindesten transparent, sondern vollkommen opak gewesen. Weder Licht noch Schatten habe sie durchgelassen, sie sei monumental, gewaltig gewesen, habe alle Aufmerksamkeit auf sich gezogen, sie gebündelt und auf das Offensichtliche gelenkt. Das Offensichtliche aber wolle nur auf die eine Art gesehen werden, es lasse keine anderen Möglichkeiten zu, keine anderen Lesarten, keine Zwischentöne –

ich unterbreche nicht, obwohl er mir auf der Zunge liegt, der Widerspruch, etwas hält mich davon ab. Feigheit? Bequemlichkeit? Nicht jede Schlacht ist es wert, ausgetragen zu werden, nicht jeder Gegner ein Gegner, mancher bloß white noise –

sie gebe zu, sie habe sehr wohl in Danny den Afroamerikaner gesehen, wie hätte sie das auch ausblenden sollen? Dafür hätte sie blind sein müssen, wie er. Wie konnte er glauben, dass seine ethnische Herkunft folgenlos wäre? Wie konnte er nicht wissen, dass sie zu ihm gehört wie sein Talent fürs Pfeifen oder seine Vorliebe für Blau? Wie konnte er glauben, bedingungslos dazuzugehören, ohne Einschränkungen, ohne Auflagen –

handelt es sich um Duldung? Oder ist Dazugehören die Belohnung für eine Leistung? Nicht selten erscheint es als reine Willkür, ob man uns einlässt, Danny und mich, und eingelassen werden müssen wir jedes Mal aufs Neue. Honorary White. *Ständig müssen wir unsere Loyalität beweisen, unseren Wert, unsere Zugehörigkeit –*

manchmal habe sie sich gefragt, ob er sich dessen eigentlich bewusst war, farbig zu sein, er habe sich weißer verhalten als die Weißen. Einmal habe sie ihn dabei ertappt, wie er auf sein Spiegelbild gestarrt und erklärt habe, er wundere sich, wie ähnlich und doch anders er sei. Dann wieder habe er es nicht abstellen können, in sich den Schwarzen zu sehen. Schwarz oder weiß? Er habe sich nicht entscheiden können –

honorary white. *Manchmal gehören wir dazu, manchmal nicht. Sicher ist nur, dass nicht wir bestimmen, wer wir sind. Wenn wir wenigstens eine Gruppe gehabt hätten, eine Gemeinschaft, die demselben Code unterliegt wie wir, hätten wir uns zumindest von ihr dekodieren lassen und im Kreis der Verschwörer* vollständig *sein können, doch wir sind unter Menschen aufgewachsen, die uns unser Anderssein höchstens nachsehen:* verzeihen.

Ich unterbrach nicht, obwohl er mir auf der Zunge lag, der *Einspruch,* ich habe gelernt, den Mund zu halten. Joan strich die Tischdecke glatt, bearbeitete eine unbeugsame Welle. Er habe darunter gelitten, nicht gesehen zu werden, sagte sie, nicht zu wissen, ob man ihn oder eine Version von ihm sah, die er nicht war. Irgendwann, sagte sie, habe er sein Leben Revue passieren lassen und sei zu dem Schluss gekommen, dass niemand wisse, wer er sei, und, habe er hinzugefügt, er wisse es selbst nicht. Er könne sich dem Blick von außen nicht entziehen, wie auch, er sei sein eigener, er sei vertrauter als sein eigener. Aber wie, fragte sie mich und sah mich forschend an, existiert man, wenn man sich selbst als Fremdkörper wahrnimmt?

Ihr Blick war stechend; fordernd. Ich wusste nicht, was genau sie von mir erwartete, eine Anekdote, die ihre Diagnose unterstützte, sie in dem Gefühl bestätigte, eine Expertin zu sein? Ich fühlte mich plötzlich wie die Zeugin in einem Prozess, der aufdecken soll, dass auch ich ein Opfer bin –

wir kehren besser um, sagte ich, es ist spät.

Joan nickte. Wir bezahlten und verließen das *Belgian Delight*. Der Nebel war nach wie vor dicht. Ich meinte, wir führen durch den Schnee, wir wären geschrumpft und nunmehr klein genug, um uns durch das Innere des Schnees zu graben. Die ganze Rückfahrt verbrachte ich damit, mir das Innenleben des Winters in allen Einzelheiten auszumalen; es tröstete mich, dass es eine Welt gab, die nur ich betreten konnte.

Zu Hause angekommen, war es diesmal ich, die versuchte, Joan aus dem Weg zu gehen; ich scheiterte. Sie war äußerst versiert darin, meine Ausweichmanöver zu durchkreuzen. Fragte sie mich etwa, ob ich mit ihr frühstücken wolle, und ich antwortete, heute nicht, vielleicht morgen, sagte sie, morgen seien Mrs. Andersons Lussekatter nicht mehr frisch, ich müsse sie heute essen, und brachte den Teller mit den schwedischen Safranbrötchen in mein Zimmer. Später nahm sie erst gar keine Notiz von meinen verbalen und sonstigen Fluchtversuchen, sie verstellte den Weg zur Tür oder passte mich auf dem Weg ins Freie ab. Nachdem wir dieses Spiel einige Male gespielt hatten, wurde ich von einem Gefühl der Lächerlichkeit übermannt und stellte sie zur Rede: Warum sie mich nicht aus ihren Fängen lasse, was sie eigentlich von mir wolle. Joan stotterte, wieso Fänge, nichts wolle sie von mir, rein gar nichts. Ich bekam Mitleid mit ihr, schämte mich für meinen Ausbruch. Ich schlug vor, spazieren zu gehen, ein Allheilmittel in Wien, jedoch keines in Green Bay. Sie sah mich verwundert an, zog mich wortlos in die Küche. Setzte mich auf die Bank, sich selbst auf den Stuhl. Der Stuhl quietschte. Sie stand auf und blieb stehen, während sie ihre Bitte vortrug, von einem Fuß auf den andern tretend wie ein Schulkind, das ein Gedicht aufsagen muss und sich von Zeile zu Zeile vorantastet.

Sie fragte, ob ich zusammen mit ihr Danny besuchen würde. An diesem Wochenende. Morgen.

Das Pflegeheim befand sich in der Nähe des Heidmann-Sees in Bolt, eine halbe Stunde von Green Bay entfernt. Auf dem weiten Parkplatz standen vereinzelt Autos, das Eingangstor war verlassen, selbst die Stille, die über dem Gelände lag, war hohl. Kein Wind, keine tierischen Laute, dabei hatte ich auf der Fahrt Krähen gesehen; mir war nach Flucht zumute. Auch Joan war nervös. Sie trug eine Bluse unter dem Pullover (und nicht wie sonst ein T-Shirt), einen neuen Rock, Ohrringe und sogar eine Kette, die sie allerdings unter der Bluse versteckte. Außerdem hatte sie sich geschminkt, die Wangen gepudert und die Lippen angemalt; das Rot ihres Mundes wirkte grell in der Einöde, die sich *Heidmann Nursing Home* nannte.

An der Rezeption saß eine junge Frau, die Joan mit einem *Good morning, Sandy* begrüßte. Sandy sah kurz auf und nickte uns zu. An mir blieb ihr Blick hängen, ich spürte ihn, bis wir um die Ecke gebogen waren. Dannys Zimmer befand sich im ersten Stock. Sein Mitbewohner war vor kurzem entlassen worden, nun hatte er den kleinen Raum für sich allein. Er saß im Bett und starrte aus dem Fenster; wir konnten ihn durch die gläserne Zimmertür sehen. Deshalb habe sie dieses Heim gewählt, flüsterte Joan, Danny habe schon immer diese Gegend geliebt und ganz besonders den See. Sie hob fragend ihre Augenbrauen, ich nickte. Wir hatten ausgemacht, dass sie zuerst allein eintreten und Danny von meinem Besuch erzählen würde. Ich wich etwas von der Glasscheibe zurück, da ich die zwei nicht beobachten wollte. Nach einigen Minuten öffnete Joan die Tür und winkte mich hinein. Danny sah nicht auf, als ich ihn begrüßte. Er trug einen dunkelblauen Pyjama, seine Haare waren fast schulterlang. Auf der linken Seite seines Kopfes sei er operiert worden, erklärte Joan und deutete auf die Narbe. Sie fügte hinzu, er könne nicht sprechen, aber er verstehe einiges, sie verbesserte sich, manches. Sie deutete auf einen Stuhl, ich setzte mich und versperrte ihm damit die Sicht auf den See, trotzdem änderte er seine Kopfhaltung nicht. Ich war mir nicht sicher, ob er uns wahrnahm, ob er überhaupt etwas wahrnahm. Er erinnerte mich an Barbara; sie hatte das Jahr nach dem Gehirnschlag im Dämmerzustand verbracht, ehe sie starb. Ich fragte mich, ob sich Joan noch an Dannys Stimme erinnern konnte, ich hatte den Klang von Großmutters Stimme schnell vergessen, sie hatte während der ganzen Krankheit geschwiegen, und auch nachdem sie extubiert worden war, nicht mehr gesprochen, sie hatte nicht mehr gewusst wie. Zu einer Sprachtherapie war es nie gekommen, ihr schlechter Gesundheitszustand hatte das nicht zugelassen, alles war dringlicher gewesen als reden. Heute wünschte ich, ich hätte ihre Stimme noch im Ohr; ganz selten höre ich ein Wort und glaube, sie zu erkennen, doch der Klang hält sich nicht, er verfliegt, mischt sich unter andere, fremde Klänge, und es bleibt mir nichts anderes übrig, als mir einzugestehen, dass er mir entfallen ist.

Während ich Joan dabei beobachtete, wie sie mit Danny sprach, auf die Wand, den Stuhl, die Vase mit den vertrockneten Blumen zeigte, die Dinge benannte im Bemühen, ihm die Welt zu erklären, die kleine Welt des Pflegezimmers, glaubte ich zu verstehen, was sie und mich wirklich verband: Sie weigerte sich zu akzeptieren, dass sie Danny beim Sterben zusah, auch ich hatte das bei Barbara nicht wahrhaben wollen. Zu beobachten, wie ein Mensch stirbt, ist mehr als ein Beobachten, es ist ein Sehen, das über das Sehen hinaus möchte, ein Bezeugen, das aus dem Zeugenstand heraustreten und dem Fortschreiten des Sterbens Einhalt gebieten will; letztlich ist es die reine Hilflosigkeit im Angesicht des Todes. Diese Art der Hilflosigkeit hinterlässt eine Verletzung, die nicht verheilt, niemals verheilt, der Schmerz wird ruhiger, stiller, schlummert aber weiterhin unter der Oberfläche; unter der Haut.

Er habe heute keinen besonders guten Tag gehabt, sagte Joan auf der Heimfahrt, an guten Tagen reagiere er auf ihre Worte, ihre Berührungen, an guten Tagen fühle es sich fast so an wie früher, sie lächelte, auch früher habe es Tage gegeben, an denen Danny es vorgezogen habe, zu schweigen. Vielleicht habe er ihre Ressentiments gespürt. Sie lachte leise, als wollte sie die folgenden Worte wattieren: Sie habe ihm seine Abstammung übelgenommen. Sie habe sie verabscheut, seine Herkunft, seine farbige Herkunft, sie habe in ihr das Problem gesehen, das allen ihren Problemen zugrunde lag. Sie habe sich vorgestellt, um wie viel leichter ihr Leben gewesen wäre, wenn er weiß gewesen wäre, um wie viel mehr Erfolg er gehabt hätte, wie viel mehr Geld er verdient hätte. Sie habe ihn vor sich gesehen, die weiße Version von Danny, Danny mit weißer Haut und hellen Haaren. Von seinem Aussehen abgesehen, habe sie ihre Fantasie nicht weiter bemühen müssen, er sei ohnehin so weiß gewesen, weiß in seinen Vorlieben, weiß in seinen Gewohnheiten –

der Verdacht hat mich nicht mehr losgelassen, dass ich mich nicht in ihn verliebt hätte, wäre er richtig schwarz gewesen, ein *echter* Afroamerikaner. Dann habe ich mich gefragt, ob es mir leichter gefallen wäre, ihn zu verlassen, wäre er wahrhaftig schwarz gewesen, und ich habe mich betrogen gefühlt, getäuscht … Erst seit seiner Krankheit, erst seit er ausschließlich ein Körper ist, der genährt, gebadet werden will, nicht einmal ein Kind oder ein Greis, sondern bloß ein Leib, ein Wesen, das lediglich aus Körperfunktionen besteht, die beobachtet und aufgezeichnet werden müssen, *überwacht*, ist seine Herkunft in den Hintergrund getreten. Tatsächlich ist sie verschwunden, ich sehe sie nicht mehr: Seine Sichtbarkeit hat sich in Unsichtbarkeit gewandelt.

Sie stockte; ihr Schweigen war beinahe schmerzhaft, deshalb sagte ich: Hätte ich die Wahl, ich würde mich niemals in einen Menschen verlieben, der in derselben Situation ist wie ich. Selbst aussortiert zu werden bin ich gewöhnt, doch der Aussortierung beizuwohnen? Lieber allein und krank, sagte ich, der Kranke ist sowieso einsam in seiner Krankheit.

Sie nickte. Die Verachtung, die ihm galt, habe auch sie

sich zugezogen, sowie seine Wut, die den anderen galt. Unter diesen Umständen zu lieben habe bedeutet, in seinen Körper gezogen zu werden, die rettende Distanz aufzugeben, ob man wolle oder nicht; unter diesen Umständen zu lieben habe bedeutet, sich nicht nur vollkommen auf das Lieben einlassen zu müssen, sondern letztlich nichts Anderes zu haben als diese Liebe, denn die einstmals heile Welt zerfalle unter seiner Sichtbarkeit –

in solch eine Welt, sagte sie, in solch eine *verletzte* Welt hätte ich niemals ein Kind bringen können.

Im April begann der Schnee endlich zu schmelzen. Meine Abreise war für Anfang Mai geplant, ich durfte Green Bay verlassen, da ich keine Prüfungen abnahm. Für die letzten drei Wochen mietete ich ein Auto, ich hatte vor, ein paar Tage in Chicago zu verbringen, ehe ich zurück nach Wien fliegen würde. Nach den Monaten unter der Schneedecke, zumindest fühlte es sich so an, als hätte ich unter, nicht auf ihr gelebt, drängte es mich danach, die Welt zu erforschen; ich hatte sie in ihrer Ganzheit noch nicht erlebt. Joan ließ sich nicht anmerken, was sie davon hielt, dass sie mich nicht mehr zu chauffieren brauchte. Ich zerbrach mir darüber nicht weiter den Kopf, ich hatte genug damit zu tun, das Fahren zu üben. Glücklicherweise waren die Straßen breit und leer, so dass meine wackligen Kurven und abrupten Bremsungen keine Unfälle verursachten. Mit der Zeit gewöhnte ich mich an mein Gefährt, an seine Größe, an sein Schaukeln, und ich meinte, meine Chancen stünden gut, heil in Chicago anzukommen. Ich gab meine Spaziergänge auf, fuhr stattdessen überall mit dem Auto hin, sogar durch eine *drive-thru bank*, einfach um es einmal getan zu haben, und ich stellte fest, dass die Anlage der Stadt plötzlich Sinn ergab. Green Bay war ein Ort, für den man das Auto nur verlassen sollte, um in einem Restaurant zu essen oder in einem Geschäft einzukaufen, alles andere erledigte man besser durch das offene Autofenster. Auch war die Stadt durch das Autofenster am schönsten, der große Abstand zwischen den gepflanzten Bäumen ergab mit einem Mal einen Sinn, ebenso die Entfernung zwischen den Gebäuden, die Größe und Platzierung der Straßenschilder, selbst das Design der Werbeplakate.

Ich fuhr auf den zweispurigen Nebenstraßen spazieren oder brauste auf den sechsspurigen Verbindungsstraßen der Sonne entgegen. Immer, schien mir, tuckerte ich der untergehenden Sonne entgegen, was natürlich mit dem von mir gewählten Zeitpunkt für die Flanierfahrten zu tun hatte; trotzdem erschien es mir bedeutungsvoll, mich auf die Abenddämmerung zuzubewegen (wie ein Cowboy auf seinem Pferd). Joan schien zu verstehen, dass ich keine Lust auf ein Gespräch mit ihr hatte. Obwohl sie keine Anstalten mehr machte, mich in ihr Vertrauen zu ziehen (in unseren kurzen Unterhaltungen ging es ausschließlich ums Wetter und um Obama, von dem sie sich mehr erhofft hatte), konnte ich mich des Eindrucks nicht erwehren, dass sie etwas von mir wollte, sich aber nicht traute, es auszusprechen. Ihr angespannter Blick, die Art und Weise, wie sie sich beim Reden vorbeugte, hatten etwas Lauerndes, als warte sie bloß auf den richtigen Zeitpunkt, um sich auf die Beute zu stürzen. Ich bemühte mich darum, die Distanz zwischen uns zu vergrößern, doch als sie mich am Abend vor meiner Abreise fragte, ob ich Lust auf einen Burger und eine Schale *booyah* im *Kroll's* hätte, sagte ich zu; ein letztes Mal war ich gewillt, ihren Erinnerungen zu lauschen. Den Nachmittag verbrachte ich damit, zu packen. Ich brauchte länger als meine üblichen zwei Stunden, weil ich mich nicht entscheiden konnte, ob ich das 3D-Bild mitnehmen oder dalassen sollte. Schließlich ließ ich es an seinem Platz; ich glaubte nicht, dass ich Joan oder das Kuckucksnest wiedersehen würde, und es erschien mir höflicher, eine Fehlleistung vorzutäuschen als ein Geschenk wegzuschmeißen.

Das *Kroll's* war groß und weit, verströmte die Atmosphäre einer Turnhalle, trotz der halbmondförmigen, gepolsterten Bänke, die gemeinsam mit den runden Tischen Séparées bildeten. Joan war bereits da; als sie mich sah, hob sie ihren Arm und winkte mir zu. Ich war froh, dass sie sich bemerkbar machte, das Restaurant war beliebt, es waren nur noch wenige Tische frei. Sie bestellte zwei Schüsseln *booyah* – *booyah* wie *Bouillabaisse* –, zwei *butter burger* und *fries,* ohne mich zu fragen. Während wir auf das Bier warteten, sagte sie, eines Tages habe sie einen Koffer gepackt, bloß einen Koffer, und nicht einmal einen besonders großen, und sei ausgezogen. Danny habe sie ausgelacht und ihr nachgerufen, sie solle ihren Urlaub genießen, sie könne sicher sein, er werde seinen in vollen Zügen auskosten. *In vollen Zügen auskosten.* Er sei schon immer ein Charmeur gewesen, mit Frauen ins Gespräch zu kommen, sei ihm leichtgefallen. Er habe regelmäßig mit Kellnerinnen, Verkäuferinnen geflirtet, und das vor ihren Augen; manchmal habe sie gemeint, dass er das absichtlich tat. Sie habe ihn scherzen lassen und begonnen, Pläne zu schmieden: wie sie einen Scheidungsanwalt finden würde; wie sie Green Bay verlassen und sich in einem anderen Teil des Landes niederlassen würde, in Seattle oder Portland; wie sie die Europa-Reise, die sie vor zwanzig Jahren hatte machen wollen, nachholen würde; wie sie lernen würde, wie man Pak Choi, Schlangenbohnen, Wasserkastanien und Lotuswurzeln zubereitet; wie sie die Wochenenden auf dem Sofa verbringen würde, ein Buch und die Fernbedienung auf dem Schoß; und schließlich, wie seine Probleme nicht mehr die ihren wären. Dieser Gedanke, *seine Probleme sind nicht mehr meine*, hätte ihr gereicht, um das Leben in vollen Zügen zu genießen. Inzwischen habe auch Danny Pläne geschmiedet, Kellnerinnen oder Verkäuferinnen seien darin nicht vorgekommen, dafür eine gewisse Carol Truttman –

nach dem gemeinsamen Abendessen, das weder angenehm noch unangenehm gewesen war, aber eine lange Funkstille nach sich gezogen hatte, nahm er sich für den Anfang vor, sie einmal in der Woche anzurufen. Die Telefongespräche waren mühsam und entmutigend, trotzdem gab er nicht auf. Nach nur vier Wochen lud Carol ihn überraschenderweise zum Kaffee ein. Sie habe einen Kuchen geschenkt bekommen und schaffe es nicht, ihn allein aufzuessen, und es wäre doch schade, einen teuflisch guten *Devil's Food Cake* wegzuwerfen … Von diesem Tag an sprachen sie einander zweimal in der Woche, einmal am Telefon, ein weiteres Mal in ihrem Haus. Carol, die eigentlich keine Gelegenheitsbäckerin war, begann für ihn zu backen: *Coffee Cake, Banana Bread, Chocolate Fudge Cake*. Jeden Mittwoch servierte sie ein Törtchen, auf das sie sich zuvor am Sonntag geeinigt hatten. Zu diesen Terminen gesellte sich schließlich ein dritter. Als Zweitjob kutschierte Danny Volksschüler durch Green Bay. Als er Carol davon erzählte, sagte sie lachend, was gäbe sie dafür, wieder ein Schulkind zu sein, woraufhin er sie zu einer Busfahrt einlud. Die lärmenden Kinder machten sie jedoch nervös, deshalb holte Danny sie ab, nachdem er das letzte Kind abgesetzt hatte, und fuhr mit seiner *Ma* eine Ehrenrunde durch die Stadt.

Joan sagte, Danny sei damals Mitte vierzig gewesen, Carol Mitte sechzig. Sie habe es gemocht, so habe es ihr zumindest Danny geschildert, in der ersten Reihe zu sitzen und freie Sicht auf die Straße zu haben. Während der Fahrt habe sie unentwegt gekichert und geplaudert: über das Wetter, über Bill Clinton und Monica Lewinsky, über Lee Janzen, der das US Open bereits das zweite Mal gewonnen hatte, über *Braveheart* und unverdiente Oscars. Monatelang sei das gutgegangen, wahrscheinlich, weil sie ausschließlich über Belanglosigkeiten sprachen, weder Danny noch Carol hätten gelernt, zu vertrauen, sich anderen anzuvertrauen. Schließlich habe Danny geglaubt, dass die Beziehung zu Carol auch schwierige Fragen aushalten würde –

es war Winter. Die Welt war versunken im Schnee, die Winterwelt eine Welt jenseits der Welt, und Carol sagte, ich möchte keine Busfahrten mehr unternehmen, dafür ist es zu kalt, aber du kannst mich jederzeit im Kuckucksnest besuchen kommen. Wieder trafen sie sich einmal in der Woche zur Kaffeejause. Kurz vor Weihnachten nahm Danny all seinen Mut zusammen und fragte sie nach seinem Vater. Sie reagierte unwirsch, verärgert. Reicht dir deine Mutter nicht? Wozu brauchst du einen Vater? Er, nicht minder dickköpfig, nicht minder aufbrausend, erklärte, du hast nicht das Recht, du hast nie das Recht gehabt, mir meinen Vater vorzuenthalten. Ich kenne den Bericht der Erzdiözese, ich weiß, was du getan hast. Was habe ich denn getan?, rief sie wütend. Du hattest eine Affäre mit einem Musiker, erwiderte er nicht minder wütend; in seiner Wut war er ihr Ebenbild. Das ist eine Lüge, sagte sie, eine widerliche Lüge, die von der Duquaine in die Welt gesetzt worden ist. Ich hatte niemals eine Affäre mit Jimmy Jordan. *Niemals* hatte ich eine Affäre mit Jimmy. Eine Affäre mit *Jim-*

my hatte ich nie. Eine *Affäre* hatte ich mit Jimmy nicht. Carol zeigte auf die Haustür und sagte, ich schulde dir keine Erklärung. Nicht ich habe dein Leben zerstört, sondern du meines.

Carol habe nach ihrer Scheidung ein zweites Mal geheiratet, sagte Joan, mit Ende vierzig habe sie den Mann ihres Lebens getroffen, doch er sei nur wenige Monate nach der Hochzeit bei einem Autounfall gestorben. Sie habe keine Kinder gehabt, mit Kindern habe sie sich generell schwergetan; sie habe sich von ihren Nichten und Neffen, von ihren Geschwistern, ihren Freunden und Bekannten ferngehalten, von allen, die Kinder in die Welt setzten. Schließlich habe sie auch ihr geliebtes Golf aufgegeben, eine verpatzte Operation habe sie auf einem Auge erblinden lassen. Die Iris habe sich innerhalb kürzester Zeit hellblau verfärbt; eine Augenprothese habe sie stets abgelehnt. Einzig Dannys Annäherung habe sie zugelassen, doch auch diese Bekanntschaft unterlag Regeln und Bedingungen. Als er gegen sie verstieß, habe sie ihn aus ihrem Leben verbannt. Erst nach ihrem Tod habe er wieder von ihr gehört, sagte Joan. Bei der Testamentseröffnung habe er erfahren, dass er als leiblicher Sohn alles erbte, was sie besessen hatte: ihre Ersparnisse und ihr Haus. Er habe sich auf Antworten gefreut, auf Tagebücher, Briefe, doch Carol hatte nichts dergleichen hinterlassen, nur einen Haufen billigen Modeschmuck, ein paar teure Kleider und Schuhe, das sei auch schon alles gewesen, keinen Schnipsel Papier, weder Postkarten noch Fotoalben: als wäre sie immer schon allein auf der Welt gewesen.

Er sei in Carols Haus gezogen, die Sachen seiner Mutter habe er nicht angerührt, bis auf die Kleider und Schuhe, die er der Wohlfahrt spendete.

Joan seufzte. Eines Tages habe es an ihrer Tür geklopft. Danny habe ihr einen großen Blumenstrauß überreicht und gesagt, er habe seinen falschen Namen abgelegt und den echten angenommen. Ob sie sich ein Leben mit Danny Truttman vorstellen könne?

Wir waren am Ende unserer Mahlzeit angelangt, auf dem Tisch lagen leere Papierhüllen herum, in unseren Schüsseln befanden sich bloß noch *booyah*-Reste, und Joan sagte, noch am selben Tag sei sie ins Kuckucksnest gezogen; ein halbes Jahr später habe Danny einen Gehirnschlag erlitten.

Sie griff nach meiner Hand und drückte sie. Ich müsse ihr helfen, sagte sie, ich müsse ihr und Danny helfen. Wenn er wüsste, wer sein Vater ist, würde er schneller genesen, daran glaube sie fest, er würde für seinen Vater gesund werden wollen. Ich sagte, ich wüsste nicht, wie ich helfen könnte, ich lebe ja nicht in Green Bay –. Genau, fiel mir Joan ins Wort. Die Sozialarbeiterin, die damals seinen Fall bearbeitet hatte, sei Österreicherin gewesen, sie habe gehört, dass Marlene Winckler in ihre Heimat zurückgekehrt sei. Ob ich sie für sie ausfindig machen könnte? Marlene sei der Schlüssel zu diesem Geheimnis: Sie habe den Fall besser gekannt als jeder andere, sie habe gewusst, wer der leibliche Vater ist.

Joan öffnete ihre Tasche und entnahm ihr eine dünne Mappe aus hellrotem Karton; sie drückte sie mir in die Hand und sagte, das sei die Akte des Sozialdienstes der Erzdiözese Green Bay. Marlene Winckler habe Erkundigungen eingeholt, die sie nicht im Bericht vermerkt hatte. Sie habe mit Sicherheit gewusst, wer der Vater war.

Sie muss es gewusst haben.

Aus der Akte des Sozialdienstes der
Erzdiözese Green Bay

11. 01. 1954
Absage/Katholisches Wohlfahrtsbüro, Oshkosh: Miss
D. Steiner schreibt, dass sie nicht glaubt, einen
Pflegeplatz für Daniel Truttman in Oshkosh zu finden.
Das Kind wäre besser in Milwaukee aufgehoben.

12. 01. 1954
Telefonat m. Mrs. Rentmeester: Es scheint unumgänglich,
Carols Charakter genauer zu durchleuchten, alle
bisherigen Fährten führten ins Nichts. Daher wurde mit
Mrs. Rentmeester Folgendes vereinbart: Sie wird
bei ihren Mieterinnen anfragen, ob sie mit uns über ihre
Hausgenossin sprechen würden. Falls sie dazu bereit
sind, wird Trude einen Termin mit ihnen ausmachen.

13. 01. 1954
Telefonat m. Mrs. Rentmeester: Trude rief an, um
zwei Termine bekannt zu geben. Miss Larson, Carols
direkte Zimmernachbarin, habe sich dazu bereit
erklärt, morgen, am 14. Januar, um 8.30 Uhr ins Büro
zu kommen. Miss Kelly, die andere Mieterin, könne
am Freitag, den 15. Januar, um 17.30 Uhr unsere Fragen
beantworten.
Als sich MW im Namen des Sozialdienstes bei
Mrs. Rentmeester bedankte, sagte diese, es „mache sie
glücklich", uns in dieser Angelegenheit behilflich

zu sein, das Privatleben der Truttman sei „skandalös".
Sie habe den Mietvertrag soeben gekündigt. Bis zum
Ende des Monats müsse Carol das Zimmer geräumt haben.

14. 01. 1954
Termin/Miss Larson, 8.30 Uhr: Das Gespräch mit Miss
Larson war enttäuschend. Sie ließ uns von Anfang
an spüren, dass sie nur mit uns sprach, weil Mrs. Rentmeester ihr keine andere Wahl gelassen hatte.
Helen Larson ist 23 Jahre alt, hellhäutig, blauäugig,
mittelblond, groß und sehr schlank, manche würden sagen
dürr. Sie war (wie Carol) Telefonistin, nun arbeitet
sie als Verkäuferin im Schuhgeschäft Mullen's, vis-à-vis
vom Beaumont Hotel. Sie lernte Carol während ihrer
Tätigkeit bei der Bell Telephone Company kennen. Über
Vermittlung von Miss Truttman wurde sie Mieterin
bei Mrs. Rentmeester.
Miss Larson hat wie Carol die St. Mary Highschool abgeschlossen. Sie ist ihr in vielerlei Hinsicht ähnlich,
selbst in ihrer schnippischen Art zu antworten, allerdings ist sie selbstbewusster und gelassener. Zu
ihren Zukunftsplänen befragt, erklärte sie, sich nicht
festlegen zu wollen, eines werde sie jedoch sicher
nicht tun: länger als ein halbes Jahr Schuhe zu sor-
tieren. Sie fühlt sich offensichtlich zu Höherem
berufen.
Sie bestritt, mit Carol befreundet zu sein: Anfangs
hätten sie viel gemeinsam unternommen, sie seien ins
Kino und auf Schaufensterbummel gegangen, eines
Tages aber sei ihre „Freundschaft" beendet gewesen.
Wann das gewesen sei? Während sie überlegte,

zuckten ihre Fingerspitzen und Lippen, sie schien zu rechnen. „Im Oktober 52", sagte sie schließlich.

Sie erinnere sich, dass Carol sie zum Geburtstagsfest von Miss Eklund (Lehrerin an der St. Mary Highschool) mitnehmen wollte. Carol habe sie eingeladen, weil sie Zimtschnecken mag und man nirgends vernünftige bekomme. Außerdem habe sie sich darauf gefreut, Schwedisch zu sprechen. Miss Eklund stamme wie sie aus Schweden. Doch kurz vorher habe Carol den Besuch abgesagt. Als Grund habe sie Zeitmangel angegeben. Helen habe ihr geglaubt, doch am nächsten Tag habe sie im Küchenabfall die Reste einer Zimtschnecke gefunden. Miss Larson zuckte mit den Schultern. Carol habe die Lehrerin ganz offensichtlich besucht, sie jedoch nicht mitnehmen wollen. Von dem Tag an hätten sie einander gemieden, und sie habe auch nicht versucht, die Freundschaft wiederzubeleben.

Ja, antwortete Miss Larson auf die Frage, ob sie und Carol auch in Jazzclubs gewesen seien. Sie seien zusammen in der Zebra Lounge gewesen. Mit einem farbigen Mann habe sie Carol allerdings nicht gesehen. Sie zögerte kurz, ehe sie sagte: „Zutrauen würde ich es ihr aber schon."

(MW/JE)

15. 01. 1954

<u>Termin/Miss Kelly, 17.30 Uhr</u>: Miss Kelly ist 21 Jahre alt, klein und dicklich. Sie hat wie viele rotblonde Frauen eine rosig weiße Haut und (wässrig) blaue Augen. Ihre Familie stammt aus Irland, wie man deutlich an ihrem Akzent hört. Sie ist sehr lebendig und lacht viel,

auch wenn es nichts zu lachen gibt. Das liegt möglicherweise an ihrem Beruf: Sie ist Klavierlehrerin und unterrichtet ausschließlich Kinder. Sie möchte „irgendwann einmal" eine eigene Klavierschule aufmachen.

Miss Kelly war freundlich, geradezu gesellig – sie wollte sogleich Maeve genannt werden. Es ist nicht schwer, sie sich in Bars vorzustellen. Ihre Stimme ist tief und rau, ihre Fingerspitzen sind gelblich; wahrscheinlich raucht sie.

Maeve sagte, sie habe immer wieder versucht, sich mit Carol anzufreunden, sei aber jedes Mal gescheitert: Carol habe sich mit ihr nicht abgeben wollen. Warum, habe sie nie verstanden, sie hätten denselben Musikgeschmack und ihre Wege hätten sich oft gekreuzt, im Piccadilly, im 616 und im Becher's Club. Sie hätten gemeinsam über Allen Di Blasio gelacht und zu den Captivators getanzt – freilich, Carol habe einen ganz anderen Geschmack bei Männern gehabt als sie.

Sie hielt plötzlich inne, sodass MW gezwungen war, nachzufragen, was sie damit meine. Maeve öffnete erstaunt ihre Augen, habe das noch niemand erwähnt? Carol sei mit Negern herumgezogen, das habe doch jeder gewusst. Wieder musste MW nachfragen: Mit welchen genau, kenne sie deren Namen? „Glauben Sie, dass einer von denen der Vater ist?", fragte Maeve neugierig. Das sehe Carol ähnlich, sich von einem Neger schwängern zu lassen. Sie kicherte, schüttelte dann bedauernd den Kopf. Namen wisse sie leider nicht, sie kenne ja keine. Die meisten farbigen Arbeiter seien nach dem Krieg gefeuert worden, sie seien bloß Platzhalter gewesen, aber einige wenige hätten ihre Jobs behalten.

Die nämlich, die in den Papierfabriken arbeiteten,
zum Beispiel bei John Hoberg. Sie würde sich
nicht wundern, sagte sie mit einem geheimnisvollen
Lächeln, wenn wir den Kindsvater dort fänden.

16. 01. 1954
Hausbesuch/C. Truttman: Carol wurde heute (an einem
Samstag) mit einem Hausbesuch überrascht. Die junge Frau
darf sich keineswegs in Sicherheit wiegen. Bei MWS
Ankunft war sie allerdings außer Haus, einkaufen, wie
Mrs. Rentmeester sagte. Trude war so freundlich,
Carols Zimmer für uns aufzusperren.
Während wir auf sie warteten, berichtete Trude, was sie
über Mr. Waltons Gattin in Erfahrung bringen konnte:
Mrs. Irma Walton (geborene Bouchard) ist Köchin im Elk's
Inn. Sie soll 39 Jahre alt sein, ist demnach sechs
Jahre älter als ihr Mann. Aus erster Ehe hat sie zwei
Kinder, Gary (12) und Arthur (15). Das Ehepaar ist
noch nicht lange verheiratet, erst seit drei Jahren. Vor
einem Jahr hatte Henry einen Autounfall und hinkt
seither mit dem linken Bein. Er war derjenige, der den
Unfall verursachte (Trunkenheit am Steuer). Seit
damals ist er Mitglied bei den Anonymen Alkoholikern,
rührt keinen Tropfen Alkohol mehr an und ist streng
religiös (aber nicht katholisch).
Als Carol uns in ihrem Zimmer entdeckte, versuchte sie,
sich schnell zurückzuziehen, was ihr jedoch misslang.
Trude verabschiedete sich hastig; ihr Verhältnis zu
Carol ist seit der Geburt des Kindes angespannt.
MW gab Carol zu verstehen, dass sie sich beim letzten
Termin unmöglich verhalten habe, weshalb das Gespräch

nicht beendet werden konnte. Die Beschuldigte schwieg trotzig, eine Entschuldigung kam nicht über ihre Lippen. Stattdessen hielt sie triumphierend ihre linke Hand in die Höhe. Der Ring am Finger war zwar klein, der Stein funkelte aber beträchtlich. Das Schmuckstück sah aus wie ein Erbstück und unterschied sich deutlich von den Ringen, die sie üblicherweise trägt. Es sei ein Verlobungsring, sagte sie und betonte, Henry und sie hätten sich verlobt. Sie errötete leicht und verbesserte sich mit einem verschämten Lächeln: „Quasi verlobt." Ob das der Ring der Mutter oder der Großmutter sei, fragte MW, oder ob ihr „Verlobter" in den nächsten Juwelierladen spaziert sei und sich einen Ring habe andrehen lassen, der am ehesten wie ein Familien-erbstück aussehe, mit Verfärbungen an den richtigen Stellen und Verzierungen wie aus dem letzten Jahr-hundert. Es sei der Ring der Großmutter, entgegnete Carol empört. Demnach habe er Irma den Ring der Mutter gegeben und ihr den der Großmutter geschenkt. Wenn er sie verlasse, was bekomme dann die Nächste, fragte MW, den Ring der Tante? Henry werde sie niemals verlassen, rief Carol, er sei gerade dabei, sich von seiner Frau scheiden zu lassen. Sie würden heiraten, sobald die Scheidung rechtskräftig sei, in etwa einem Monat. Bis dahin, sagte sie etwas leiser, würden sie tun, was Pater Ryan verlangt hatte, sie würden sich erst wieder treffen, wenn er geschieden sei, der Ring sei eine Art Abschiedsgeschenk. Das freue sie zu hören, erwiderte MW und fragte nach, was mit Mrs. Waltons Kindern geschehen werde, habe Carol vor, sie zu adoptieren oder sie abzuschieben wie Daniel. Carols Antwort kam wie aus der Pistole geschossen: Die

Kinder stammen aus Irmas erster Ehe, sie würden natürlich bei der Mutter bleiben. Und Daniel? Werde Mr. Walton
Daniel adoptieren, wie von ihr das letzte Mal angekündigt? Carol begann zu stottern und wurde dunkelrot.
Ihrem Gestammel war zu entnehmen, dass sie dies noch
nicht mit ihrem Verlobten besprochen hatte, sondern
auf den „richtigen Moment" warte. Das war nicht überraschend, Carol lügt die meiste Zeit. Es ist zu
bezweifeln, dass sie dies jemals vorhatte.
MW fasste die Ergebnisse der bisherigen Suche nach dem
Kindsvater zusammen. Es liege wohl nicht in Carols
Interesse, sagte sie, dass wir die Untersuchung fortsetzen, denn dies könnte ihren Ruf beschädigen. Sie habe
die Erzdiözese lang genug an der Nase herumgeführt,
sie solle endlich die Wahrheit sagen. Wie laute der Name
des Kindsvaters, habe sie den Farbigen in einer Bar
getroffen, wenn ja, in welcher, in der Zebra Lounge oder
im Becher's Club? Sei er nur für einen Auftrag nach
Green Bay gekommen, stamme er aus Milwaukee oder aus
Chicago? Die meisten Schwarzen kämen aus dem Süden,
treffe dies auch auf Daniels Vater zu? Oder arbeite er
für eine der hiesigen Fabriken, bei John Hoberg etwa?
Lügen sei zwecklos, wir würden ihre Angaben überprüfen.
Carol wurde immer blasser. Anfangs hatte sie noch
versucht, zu antworten, schließlich starrte sie mit
leeren Augen in die Luft. „Sie werden niemals
aufhören, nach ihm zu suchen, oder?", fragte sie. „Wir
werden niemals aufhören", bekräftigte MW.
Carol stieß die Tür auf und flüsterte, sie habe nichts
mehr zu sagen, sie habe bereits alles gesagt. MW
erklärte, sie sei noch nicht fertig. „Das ist mir egal",
unterbrach Carol sie heftig, „fahren Sie zur Hölle!"

18. 01. 1954

Besuch/Miss Eklund, St. Mary Highschool: Miss Eklund
empfing MW im Lehrerzimmer nach dem Unterricht. MW
hatte den Zeitpunkt gut gewählt und musste nur ein paar
Minuten warten.

Miss Eklund ist eine äußerst sympathische, sanfte ältere
Dame. Sie ist schätzungsweise Anfang sechzig, klein,
zierlich und hat weiße, fast durchscheinende Haut sowie
lange graue Haare, die sie zu einem Knoten hochgesteckt trägt. Die Haare sind so fein, dass Miss Eklund
auf den ersten Blick glatzköpfig wirkt.

Sie habe Carol vier Jahre lang unterrichtet, in Englisch
und Geschichte, berichtete Miss Eklund. Carol sei
nicht ihre beste Schülerin gewesen, mit Büchern habe das
Mädchen nie etwas anzufangen gewusst, aber es habe
ein gutes Herz. Carol besuche sie noch immer zweimal im
Jahr, einmal zum Geburtstag und einmal zu Weihnachten. Im besagten Jahr sei sie zu ihrem Geburtstag
gekommen, und es habe Zimtschnecken gegeben. Nein,
Miss Eklund schüttelte nachdenklich den Kopf, sie habe
die Schwangerschaft nicht bemerkt, die Feier sei im
Oktober gewesen.

Soweit sie wisse, habe Carol während der Schulzeit
keinen festen Freund gehabt. Die anderen Mädchen hätten
die Ringe oder Sportjacken ihrer Freunde getragen,
Carol nicht. Sie sei wohl zu unscheinbar gewesen, um vom
anderen Geschlecht wahrgenommen zu werden. Sie
erinnere sich noch gut an den Abschlussball (sie und
Mr. Campbell – Mathematik – hätten die „Meute"
beaufsichtigt): Carol sei zwar in Begleitung gekommen,
der junge Mann habe aber recht bald mit einem anderen
Mädchen getanzt. Der Name des Jungen sei ihr leider

entfallen, vielleicht könne Miss Alsteen da weiter-
helfen. Sie und Carol seien damals unzertrennlich
gewesen. Elizabeth lebe, soweit sie informiert sei, in
Green Bay und arbeite als Sekretärin in der Rechts-
anwaltskanzlei Olson & Sons.
Miss Eklund zögerte. Warum wir uns für die Vergangenheit
interessieren, fragte sie. Wenn sie es richtig
verstanden habe, gehe es um die Gegenwart. MW entgegnete, dass es oft die Liebschaften in der Highschool
seien, die im Erwachsenenalter wiederkehren. „Wie wahr,
wie wahr", sagte Miss Eklund und lächelte versonnen.
In dem Moment begann die Schulglocke zu läuten. Miss
Eklund stand langsam auf. Sie sagte, es tue ihr
schrecklich leid um den Knaben, Carol habe sie zutiefst
enttäuscht. „Aber was kann man schon tun?", seufzte
sie. „Die Kinder leben ihr eigenes Leben. Man kann nur
hoffen, dass es das richtige ist."

19. 01. 1954
Telefonat m. Miss Alsteen: Es wurde ein Termin für
Donnerstag, den 21. Januar, um 8.30 Uhr vereinbart. Einen
Hausbesuch lehnte Miss Alsteen ab.

20. 01. 1954
Telefonat m. Mr. Newman, John Hoberg: Mr. Newman, der
Personalchef der Firma John Hoberg, erklärte, er habe am
nächsten Dienstag, den 26. Januar, um 10.30 Uhr Zeit
für ein kurzes Gespräch.

(MW/JE)

21. 01. 1954

Termin/Miss E. Alsteen, 8.30 Uhr: Es ist schwer zu glauben, dass Elizabeth Alsteen und Carol Freundinnen waren, Miss Alsteen ist in jeder Hinsicht Carols Gegenteil: Sie ist feingliedrig und von kleiner Statur. Auffällig an ihrem langen kantigen Gesicht ist seine fast schon kreidige Blässe. Sie hat weiches, lockiges, blondes Haar. Bei ihr bestätigt sich die Regel, der gemäß Augen bei breiteren Gesichtern tiefer liegen, bei schmäleren flacher. Ihre sind hellblau und sitzen keineswegs zu tief in den Augenhöhlen: Sie hat ein nahezu griechisches Profil.

Miss Alsteen gab sich zurückhaltend und freundlich. Hinter ihrer Hilfsbereitschaft war Misstrauen spürbar, glücklicherweise auch Neugier. Letztere war nützlich, da sie ihr half, ihre Zurückhaltung rasch abzulegen: Es dauerte nicht lange, und Elizabeth öffnete sich.

Sie seien nicht mehr so eng befreundet wie während der Schulzeit, begann sie das Gespräch. Es schmerze sie sehr, dass der innige Kontakt zu ihrer Freundin abgebrochen sei. Als das uneheliche Kind erwähnt wurde, schien sie entweder bedrückt oder verlegen, in jedem Fall unangenehm berührt. Sie beteuerte, dass Carol ganz sicher keine schlechte Person sei.

Elizabeth und Carol sind beide typische Geschöpfe der amerikanischen Mittelschicht: Beide wuchsen behütet auf, mit drei (Carol) bzw. zwei (Elizabeth) Geschwistern, erhielten Klavierunterricht bei Miss Hilda, nahmen Ballettunterricht bei Madame Colette und spielten Golf in der Mädchen-Liga. Klavier und Ballett habe Carol nie gemocht, sagte Elizabeth, Golf hingegen sehr, sogar an Turnieren habe sie teilgenommen, für eine Medaille

habe es leider nie gereicht. Der plötzliche Tod des
Vaters (1949) habe Carol verändert. Sie habe sich
zurückgezogen, sei mürrischer geworden, launischer.
Ein Jahr später habe sich ihre Mutter neu verheiratet
und Carol habe sich von ihren alten Freundinnen
abgewandt.

Als MW nach Carols Männerbekanntschaften fragte, zuckte
Elizabeth mit den Schultern. Carol sei in der Schule
schüchtern gewesen, sagte sie, sie habe lieber beobachtet, als selbst tätig zu werden, bei Schulfesten
etwa habe sie selten getanzt. Im letzten Schuljahr
habe sich das etwas geändert, sie sei mehr aus sich
herausgegangen, sogar einen Freund habe sie gehabt,
nach einem Monat sei jedoch Schluss gewesen. Carol habe
ihr damals erzählt, dass sie die Beziehung beendet
habe, in der Schule sei ein anderes Gerücht umgegangen.
Warum die Liebschaft in die Brüche gegangen war,
verriet Elizabeth nicht; es war ihr peinlich, darüber zu
sprechen. An den Namen des Freundes konnte sie sich
aber noch erinnern. Sein Name sei Robert Sowinski
gewesen. Er habe in der Dousman Street gewohnt, sie
habe sich das gemerkt, weil ihre Großeltern im
Nachbarhaus leben.

Über die Auskunft wurde Mr. Sowinskis Telefonnummer
ausfindig gemacht. Er bat uns, ihn am Samstag,
den 23. Januar, um 11 Uhr bei sich zu Hause aufzusuchen,
unsere Bürozeiten ließen sich nicht mit seinen
Unterrichtszeiten vereinbaren. Die Adresse lautet:
Dousman Street 1329, Green Bay.

22. 01. 1954

Absage/Pater Rose, Pfarre St. Mary, Milwaukee: Pater
Rose schreibt, dass er leider noch immer keinen Pflegeplatz für das Kind gefunden habe, aber er werde
weitersuchen, wir dürften nicht verzagen.

23. 01. 1954

Hausbesuch/Mr. Sowinski, 11 Uhr: Robert Sowinski sieht
dem Schauspieler Donald O'Connor ähnlich. Er ist
ca. 1,75 m groß und schmal gebaut, man könnte sogar sagen
schmächtig. Seine Hautfarbe ist leicht bräunlich.
Die Gesichtsform ist lang mit einem spitzen, hervor-
stehenden Kinn. Die Stirn ist hoch; er hat bereits
Geheimratsecken. Sein Nasenrücken ist lang und schmal,
die Nasenspitze leicht gerundet. Die Lippen sind
dünn, der Mund eher klein. Sein Haar ist braun, die
Haarform ist straff. Die Augeneinbettung ist flach, die
Augen sind länglich und klein. Die Irisfarbenklasse
ist blau. Eine Ähnlichkeit mit Daniel Truttman ließ sich
beim besten Willen nicht feststellen.
Seine Eltern waren während des gesamten Gesprächs
anwesend, tatsächlich fand die Unterredung im elter-
lichen Wohnzimmer statt. Mr. Sowinski ist Student
am St. Julian College, lebt daher noch im Elternhaus. Er
möchte wie sein Vater Rechtsanwalt werden.
Da die Sowinskis besorgt und nervös waren, hielten
wir uns nicht mit dem Austausch von Höflichkeiten
auf, sondern kamen gleich zur Sache. Die Geschichte des
Truttman-Kindes wurde zusammengefasst, und im
Anschluss wurde gefragt, ob Robert eine Frau namens
Carol Truttman kenne. Er bejahte. Er kenne Carol von der

Highschool, sagte er. Sie seien zusammen auf dem Abschlussball gewesen. Und sie seien im Abschlussjahr miteinander ausgegangen, fragte MW, Miss Alsteen habe das erwähnt. „Eliza", sagte er, und sein Mund verzog sich zu einem schiefen Grinsen, „die prüde Eliza." Liz sei nicht sein größter Fan, sagte er und lehnte sich zurück. Man habe sich damals erzählt, fuhr er fort, dass Eliza lesbisch und in Carol verliebt sei. Carol habe dies stets abgestritten, aber Liz habe sich unentwegt in ihre Beziehung eingemischt. Inwiefern eingemischt?, fragte MW. Robert seufzte. Sie habe Carol ausgefragt und ihr eingeschärft, bestimmte Dinge nicht zu tun. Bestimmte Dinge?, fragte MW. „Küssen zum Beispiel", antwortete er. Vielleicht habe sie ihn auch einfach nicht gemocht, in jedem Fall habe sie so sehr dazwischengefunkt, dass er nach einem Monat mit Carol Schluss gemacht habe. Er habe ihr erklärt, sie müsse sich zwischen ihm und ihrer besten Freundin entscheiden. Er grinste. Sie habe sich für Eliza entschieden. Und nach dem Abschluss, fragte MW, habe er Miss Truttman nach dem Schulabschluss wiedergesehen? Mr. Sowinski tauschte mit seinem Vater einen schnellen Blick aus, schüttelte dann den Kopf. Obwohl seine Antwort unbefriedigend war, wurde die Befragung beendet. Da keine Ähnlichkeit zwischen Robert Sowinski und Daniel Truttman festzustellen ist, besteht kein Grund, das Verhältnis zwischen Carol und Robert weiter unter die Lupe zu nehmen. Es wurde stattdessen der Form halber nachgefragt, ob der Name Sowinski polnischen Ursprungs sei. Richtig, antwortete der Vater, der Mitglied des Stadtrats ist, wie Mrs. Sowinski nicht müde wurde zu betonen. Die Familie

stamme zu einem Teil aus Polen, zum anderen Teil aus
Böhmen.

MW dankte der Familie Sowinski für ihre Zeit und machte
sich bereit zu gehen, als Robert fragte, ob man sich
gut um Daniel kümmere, Daniel, sagte er, wie sein Großvater. MW antwortete wahrheitsgemäß, dass es dem
Kind schlechtgehe – seine Mutter weigere sich nicht nur,
die Wahrheit zu sagen, sondern auch, sich um Daniel
zu kümmern, und ohne Kenntnis des Vaters werde
es unmöglich sein, eine neue Familie für ihn zu finden.
Hoffentlich, sagte Mrs. Sowinski, werde sich der
leibliche Vater bald finden, und schloss die Haustür.

25. 01. 1954

Termin (unangemeldet)/Mrs. Cornell: Mrs. Cornell
stattete dem Sozialdienst einen unangekündigten Besuch
ab. Sie war sichtlich aufgewühlt. Ihr sei eine Geschichte zu Ohren gekommen, begann sie und wusste schon
nicht mehr, wie sie diese „Geschichte" zu Ende erzählen sollte. Nach einigem Stottern und Zögern kam
heraus, dass folgendes Gerücht zurzeit in Green Bay die
Runde macht: Eine junge (einheimische) Frau sei
während einer „Orgie" mit „drei Neger-Musikern aus
Chicago" geschwängert worden. In einer Version
der Geschichte macht sie bei der Orgie freiwillig mit,
in einer anderen wird sie mit Alkohol gefügig
gemacht. Die junge Frau sei weiß wie Doris Day, der
Knabe aber, der in dieser Nacht gezeugt wurde,
sei schwarz wie die Nacht.
Sei Miss Truttman Gewalt angetan worden, fragte

Mrs. Cornell verstört. Wenn das der Fall sei, könnten sie das Kind nicht aufnehmen. Sie blickte MW sorgenvoll an. Mrs. Cornell schien auf eine Bestätigung zu warten, nicht auf eine Richtigstellung. Die Umstände der Empfängnis seien uns nicht bekannt, erklärte MW wahrheitsgemäß. Was genau zwischen dem Kindsvater und Miss Truttman vorgefallen sei, könne nur Miss Truttman sagen. Aber diese weigere sich noch immer, die Identität des Vaters preiszugeben, fragte Mrs. Cornell. MW nickte zur Bestätigung.

„Das arme Kind", sagte Mrs. Cornell, „das arme Kind"; es war unklar, ob sie Carol oder Daniel meinte. Sie hätten keine Wahl, Mrs. Cornell sah niedergeschlagen aus, sie könnten es nicht riskieren, in solche Geschichten verwickelt zu werden, sie würden lieber ein „skandalfreies Baby" adoptieren. MW versicherte ihr, dass wir dies verstünden und ihre Entscheidung keine Auswirkung auf eine zukünftige Adoption haben werde.

26. 01. 1954

Termin/Mr. Newman, John Hoberg, 10.30 Uhr: Das Gespräch mit Mr. Newman, einem großen, schlaksigen Mann mit gelblich brauner Haut und breiten, leicht klebrigen Händen fand im Konferenzzimmer unter Beisein seiner Sekretärin statt. Zur Begrüßung verzog Mr. Newman sein Gesicht zu einem ausgehungerten Lächeln. Nachdem ihm der Fall Carol Truttman geschildert worden war, erklärte er, dass wir nicht selbst mit dem Arbei-ter - es sei bloß ein farbiger Arbeiter bei ihnen ange-stellt - sprechen dürfen. Wenn der Vorarbeiter die

Befragung durchführe, würden die Antworten mit Sicherheit ehrlicher ausfallen. Dagegen hätten wir nichts einzuwenden, sagte MW, fragte aber, ob sie sich im selben Raum aufhalten und zuhören dürfe.

Mr. Newman schien unschlüssig. Es wäre besser, wenn die Sache intern geregelt würde, sagte er. Die Details seien ihnen bekannt, wir könnten uns darauf verlassen, dass Mr. Walton die Angelegenheit diskret und schnell regeln werde. Mr. Walton, warf MW ein, Mr. Henry Walton? Mr. Newman war überrascht. Ja, Mr. Henry Walton sei der Vorarbeiter – ob er uns bekannt sei? Er sei der Verlobte von Miss Truttman, sagte MW und fragte, ob es nicht besser wäre, einen Außenstehenden mit der Befragung zu betrauen, jemanden, der nicht in die Sache verwickelt sei. Dem stimmte Mr. Newman zu. Dann werde er Mr. Clark mit der Sache betrauen, er sei Mr. Waltons Vertretung, er werde die Sache genauso gut und gründlich regeln.

Wann wir mit dem Ergebnis rechnen können, fragte MW und erhob sich. Seine Sekretärin werde uns in der ersten Februarwoche anrufen, antwortete Mr. Newman und verließ den Raum. MW gab Miss Thompson unsere Telefonnummer und Adresse und verabschiedete sich.

29. 01. 1954

Telefonat m. Mrs. Rentmeester: Laut Trude spielte sich letzte Nacht vor ihrem Schlafzimmerfenster ein „Liebesdrama" ab – Mr. Walton und Carol stritten sich lautstark im Garten.

Mr. Walton habe Carol beschuldigt, ihn angelogen zu haben, das Ausmaß ihres unzüchtigen Verhaltens sei ihm

nicht bekannt gewesen, er sei davon von seinem Unter-
gebenen in Kenntnis gesetzt worden, nun sei er
das Gespött der Fabrik! Mr. Walton sei wie ein Rasender
zwischen den Bäumen hin und her gehetzt, Carol sei
ihm jaulend gefolgt, habe versucht, seine Tiraden zu
unterbrechen und ihn mit Unschuldsbeteuerungen
zu beschwichtigen, doch er habe sich nicht beruhigen
lassen, dafür sei er zu eifersüchtig gewesen. Mit
wie vielen Männern habe sie geschlafen, habe er immerzu
geschrien, mit wie vielen? Dann habe er gerufen, dass
er, hätte er gewusst, was für ein Flittchen sie sei,
sie nie und nimmer gebeten hätte, seine Frau zu werden.
Wie könne er das sagen, habe sie schluchzend gerufen,
diese Geschichten seien übertrieben und erlogen, nichts
davon sei wahr! Ihr Vater habe zwanzig Jahre, bis zu
seinem Tod, bei John Hoberg geschuftet, Peter Clark habe
von ihm gelernt, sie seien sogar befreundet gewesen,
wie könne Peter nun solche Dinge über die Tochter seines
Freundes sagen? Wahrscheinlich sei er auf Henry
neidisch, weil er bei der Beförderung übergangen worden
sei.
Mr. Walton habe sie angestarrt, als sei sie verrückt. Wie
könne sie so etwas behaupten, habe er gesagt und sich
erschöpft auf den Boden gesetzt, die halbe Stadt wisse
von ihren Eskapaden. Carol habe sich zu ihm gesetzt,
ihn umarmt und ihm versichert, dass nichts davon wahr
sei, und sie hätten gemeinsam geweint. Schließlich
habe sie ihn bei der Hand genommen, und sie seien im
Haus verschwunden. Vermutlich seien sie auf ihr
Zimmer gegangen, Trude meinte, sie habe eine Tür im
oberen Stockwerk zufallen gehört. Normalerweise
lasse sie Männerbesuch nicht zu, aber letzte Nacht habe

sie dieses Drama so mitgenommen, dass sie sofort –
nach einer Tasse Kamillentee – zu Bett gegangen sei.
Im Morgengrauen habe sie Mr. Walton aus dem Haus
schleichen sehen; sie habe einen leichten Schlaf und
sei vom Quietschen der Haustür geweckt worden.
Mr. Walton sei über den Gartenzaun geklettert, wie ein
Dieb.

(MW/JE)

01. 02. 1954

Telefonat m. Miss Fisher, Krankenhaus St. Mary: Die
Verwaltung hat letzten Monat keinen Scheck von Miss
Truttman erhalten. Sie ist dem Krankenhaus nun
395 Dollar schuldig.

03. 02. 1954

Termin (unangemeldet)/C. Truttman: Carol stürmte heute
Morgen in unser Büro. Sie war dermaßen hysterisch
und unbeherrscht, dass alle Mitarbeiter die Unterredung
mithören konnten.
Carol verlangte, die Suche nach dem Kindsvater unverzüglich zu beenden. Sie habe uns die Adresse der
Kaserne, Maynards und ihre Sozialversicherungsnummer
mitgeteilt. Außerdem habe sie uns Mrs. Helnores
Telefonnummer gegeben. Was wir noch von ihr wollen?
Sie sei gerade gefeuert worden, unseretwegen, und
unseretwegen sei sie seit drei Tagen mehr oder weniger
obdachlos, sie habe sich in einer Absteige einquar-
tieren müssen, weil sich selbst ihre Mutter weigere, sie
aufzunehmen. Ihr Verlobter spreche nicht mehr mit

ihr; sie stockte, dann rief sie: „Aber das haben Sie
natürlich schon gewusst! Ihre Spione haben Ihnen das
bereits mitgeteilt!"

Sie fuhr fort, ihre Verschwörungstheorie auszubreiten:
Wir hätten unsere Helfer in der ganzen Stadt platziert,
sie würden sie Tag und Nacht verfolgen, beobachten
und belauschen, um uns dann Bericht zu erstatten. Die
Situation, in der sie sich befinde, sei mit der
einer Fliege im Netz einer Spinne vergleichbar. Wir
(die Spinne) würden sie (die Fliege) immer mehr
in die Enge treiben, denn letztlich ginge es uns darum,
unsere Opfer zu töten. Sie rief, wir hätten es auf
ihr Leben abgesehen, wir wollten ihr alles nehmen, sie
zerstören. Der Mann, den sie liebe, habe sie ver-
stoßen, genau wie ihre Familie! Seien wir nun zufrieden?
Seien wir endlich zufrieden?

Sie sah MW mit aufgerissenen Augen an, die Haare unge-
kämmt und ungewaschen, wie ein wildes Tier in der Falle.
In dem Punkt muss ihr recht gegeben werden: Wir hatten
sie eingefangen, wenn auch – und das wurde versucht, ihr
so behutsam wie möglich begreifbar zu machen –,
ohne es zu wollen. Es war nie unsere Absicht gewesen,
ihr Leid zuzufügen. Wir hatten es ausschließlich auf
die Wahrheit abgesehen, nicht auf sie.

Die Wahrheit, die Wahrheit, schrie sie, was gehe uns die
Wahrheit an, und stürzte mit erhobenen Fäusten auf
MW zu … Miss Murphy und Miss Wagner mussten Carol
festhalten. Selbst die Sanitäter biss und schlug sie;
man wird sie vermutlich bis morgen im Krankenhaus
behalten, zur Beobachtung.

04. 02. 1954

Telefonat m. Sr. Aurelia, Krankenhaus St. Mary: Laut
Schwester Aurelia wurde Carol mittags entlassen. Sie
wurde von Mrs. Bellin abgeholt.

05. 02. 1954

Telefonat m. Miss Thompson, John Hoberg: Miss Thompson
erklärte, dass die Befragung nichts ergeben habe. Der
farbige Arbeiter, der bei ihnen tätig sei, habe glaubhaft versichert, Miss Truttman nicht zu kennen. Er
sei erst Anfang August 1953 nach Green Bay gekommen.
Vorher habe er in Savannah, Georgia, gelebt.

08. 02. 1954

Telefonat m. Pater Rose, Pfarre St. Mary, Milwaukee:
Pater Rose teilte uns mit, dass er möglicherweise eine
Familie für Daniel gefunden habe. Mr. und Mrs. Pauly,
die in Green Bay leben und entfernt mit ihm verwandt
seien (Mrs. Pauly sei seine angeheiratete Cousine),
würden Daniel gerne besuchen. Das Ehepaar sei schon
älter und habe fünf Kinder großgezogen, das älteste,
eine Tochter, sei bereits verheiratet und erwarte selbst
ein Kind. Das jüngste, ein Sohn, gehe noch auf
die Highschool (St. Norbert). Die Paulys wüssten, dass
Daniel ein Mischling sei, und sie hätten nichts
dagegen. Da das Kind bereits sieben Monate alt sei,
würden sie es gerne recht bald kennenlernen, am liebsten diesen Sonntag, den 14. Februar 1954, um 14 Uhr,
sofern das möglich sei.
MW bestätigte den Termin, versprach, Schwester Aurelia

zu informieren und das Ehepaar Pauly vor Ort selbst in Empfang zu nehmen.

Miss Murphy, die seit Carols hysterischem Anfall vor fünf Tagen den Fall möglichst schnell abschließen möchte, war über diese Nachricht hocherfreut. Sie sagte, wir müssten den Paulys die Adoption „möglichst schmackhaft" machen.

09. 02. 1954

Telefonat m. Mrs. Rentmeester: Trude hatte zwei Mitteilungen zu machen:

1.) Carol lebe wieder in ihrem Haus. Mrs. Bellin habe sie angefleht, das Mädchen zurückzunehmen, und sie habe es nicht übers Herz gebracht, einer verzweifelten Mutter die Hilfe zu verweigern. Sie habe gesagt, dass Carol bis zum 28. Februar bleiben könne, aber dann müsse sie sich eine neue Unterkunft suchen, und Mrs. Bellin habe eingewilligt.

2.) Mr. Walton sei nun geschieden, zumindest habe ihr dies ihre Freundin Gladys (vom Amtshaus) gesagt. Seine (ehemalige) Frau habe den Richter gebeten, das Verfahren zu beschleunigen. Sie wolle nichts mit der Geliebten ihres Mannes und deren Affären zu tun haben; der Richter habe ihren Wunsch wohl nachvollziehen können.

Abschließend berichtete Trude, dass sich Mr. Walton seit letzter Woche weder im Haus noch in der Nähe ihres Hauses habe blicken lassen. Carol habe sie auch schon länger nicht gesehen. Das Mädchen habe sich in seinem Zimmer eingesperrt und weigere sich, herauszukommen.

11. 02. 1954

Besuch/Archiv, Green Bay Press-Gazette: Die Suche nach anderen farbigen Jazz-Musikern, die zur Zeit der Empfängnis Daniel Truttmans in Green Bay weilten, brachte kein Ergebnis.

Das Jimmy-Jordan-Trio war die einzige Negerband, die sich vier Monate lang – von Mitte August bis Anfang Dezember 1952 – in Green Bay aufhielt. Alle anderen Sänger und Musiker waren, soweit man das den abgedruckten Fotografien in der Green Bay Press-Gazette entnehmen konnte, hellhäutig und/oder weiblich.

12. 02. 1954

Telefonat m. Officer Mitchell: Officer Mitchell, der in MWs Nachbarschaft Streife geht und sie im Fall Daniel Truttman des Öfteren beraten hat, war so freundlich, für uns einen Termin mit seinem Vorgesetzten Captain Lee zu arrangieren. Das Gespräch wird am Montag, den 15. Februar 1954, um 9 Uhr stattfinden.

14. 02. 1954

Termin/Mr. und Mrs. Pauly, Waisenhaus St. Mary, 14 Uhr: Ehe die Paulys eintrafen, erklärte Schwester Bernadette, die sich Daniels angenommen hat, der Knabe sei gesund, er habe schön zugenommen und sei viel gewachsen. Er versuche nun, in seinem Gitterbett zu krabbeln, was äußerst amüsant sei, da er seine Ärmchen und Beinchen in die Höhe strecke und anschließend in der Luft rudere, als wolle er schwimmen. Dabei bewege er sich kein bisschen vom Fleck, sondern wippe auf

seinem runden Bauch hin und her wie ein hilfloser
Käfer.

Das Kind hat sich seit unserer letzten Untersuchung
(10. Dezember 1953) stark verändert. Seine Haut
ist etwas dunkler geworden, seine einst mittelbraunen,
straffen Haare sind nun dunkelbraun und leicht
gewellt. Seine Nase verwandelt sich mehr und mehr in
eine trapezförmige Trichternase – das Primitive
wird dominanter. Die Lippen sind wulstig, die Negerfalten an den Augen fehlen jedoch nach wie vor.
Mr. und Mrs. Pauly wirken im Vergleich zu Daniel geradezu engelhaft weiß: Sie sind beide blond, hellhäutig
und haben blaue Augen. Der Unterschied zwischen
dem Kind und den Erwachsenen ist frappant. MW sprach
das Ehepaar darauf an. Mrs. Pauly erklärte, das
störe sie nicht im Geringsten, sie hätten ja gewusst,
worauf sie sich einlassen. Sie war, das war nicht
zu übersehen, vom ersten Augenblick an in Daniel ver-
narrt – sie wollte ihn nicht mehr aus ihren Armen
lassen, auch der Bub klammerte sich an sie wie ein
kleiner Affe. Mr. Pauly beobachtete das Schauspiel
gutmütig grinsend und streichelte dem Knaben hie und
da über die Wange oder über das Haar. Als sich seine
und MWs Blicke kreuzten, sagte er (entschuldigend),
seine Frau liebe Kinder. Seit ihr ältestes erwachsen
geworden sei, warte sie sehnsüchtig auf einen
Enkel. Da sie aber ungeduldig sei, habe sie nicht
widerstehen können, als ihr Pater Rose die
Geschichte vom kleinen Truttman erzählt habe. Sie
habe gesagt, sie müssten ihm ein Zuhause schenken, sie
könnten zusammenrücken, und wenn der Kleine sein
eigenes Zimmer brauchte, wären ihre eigenen Kinder

längst ausgeflogen; ihr Jüngster sei gerade 15 Jahre alt geworden.

Es wurde gefragt, ob das Ehepaar Pauly Erfahrung mit Negerkindern habe. Mr. Pauly schüttelte den Kopf.

In Green Bay gebe es praktisch keine Neger, niemand habe Erfahrung mit Negerkindern. Unsere Frage wurde noch einmal anders gestellt: Ob sich das Ehepaar Pauly darüber im Klaren sei, dass es schwieriger sein werde, ein Negerkind aufzuziehen, als ein weißes? Damit rechne sie, mischte sich Mrs. Pauly ein, die bis dahin nur zugehört und mit Daniel gespielt hatte, sie mache sich Sorgen, dass er in der Schule wegen seines Aussehens gehänselt werde. Sie habe gehofft, fügte sie leiser hinzu, dass er weniger seinem Vater und mehr seiner Mutter ähnle, leider sei das nicht der Fall. Aber, sagte sie lauter, wer weiß, wie er sich entwickeln werde, Säuglinge verändern sich schnell.

Sei denn die gesamte Familie mit der Adoption eines farbigen Babys einverstanden, forschte MW nach. Schon ein fremdes Kind sei eine Belastung, ein Mischlingskind mit Sicherheit eine größere. Mrs. Pauly nickte langsam. Sie müssten noch einmal mit allen darüber sprechen, aber Sarah, ihre Älteste, habe schon damit begonnen, ein Jäckchen für Daniel zu stricken, und Joshua und Peter, die zwei Jüngsten, seien in den Keller gelaufen, um ihre alten Spielsachen hervorzukramen.

Und wie stehe es um die Gerüchte die Kindesmutter betreffend, bohrte MW nach, seien sie ihnen zu Ohren gekommen? Mr. und Mrs. Pauly tauschten einen Blick aus. Mr. Pauly sagte, sie hätten das eine oder andere gehört, aber in den Geschichten ginge es um die Eltern des Kindes, nicht um das Kind selbst. Warum einem unschuldigen Wesen die Schuld der Erwachsenen zuschieben? Sie rechnen nicht damit, dass es leicht werde, sagte Mrs. Pauly, es gebe viele Vorurteile, doch gemeinsam, und vor allem mit Pater Rose' Hilfe, wollen sie alles dafür tun, einem unglücklichen Kind zu einer glücklichen Zukunft zu verhelfen. MW erklärte, dass sie warten müssten, bis unsere Nachforschungen abgeschlossen seien, aber dann stünde einer Adoption nichts im Weg.

Die Paulys nickten langsam. Sie wirkten etwas irritiert. Mrs. Pauly drückte Daniel ein letztes Mal an sich, ehe sie ihn in sein Bettchen legte. Das Kind weinte und wollte sich nicht von ihr trennen. Auch Mrs. Pauly hatte Tränen in den Augen, als sie sich von ihm abwandte.

(MW/JE)

15. 02. 1954

Termin/Captain Lee, Polizeihauptquartier Green Bay, 9 Uhr: Captain Lee ist ein vielbeschäftigter Mann. Er begrüßte MW jedoch herzlich und hörte ihr geduldig zu, während sie die Einzelheiten des Truttman-Falls darlegte. Als sie ihren Bericht beendet hatte, sagte er, dass es wünschenswert wäre, solche Untersuchungen zu vermeiden. Jugendlicher Irrsinn müsse im Keim erstickt werden, manchmal eben mit polizeilicher Unterstützung. Officer Mitchell werde die Untersuchung leiten, fuhr er fort, und ihm zur Seite stehe die gesamte Polizeimannschaft Green Bays.

Officer Mitchell ist Ende zwanzig, und seine Familie stammt aus Schottland. Er hat rotblondes krauses Haar

und eine große breite Nase, deren Spitze fast die
äußerst schmale Oberlippe berührt (die Unterlippe ist
nur geringfügig breiter). Howard, wie er gerufen werden
möchte, ist groß und athletisch gebaut; in der Schul-
mannschaft war er der Runningback. Er sagte, er freue
sich darauf, in diesem Fall zu ermitteln, das sei
einmal etwas anderes, als Streife zu gehen.
Howard hat bereits Nachforschungen angestellt. Zurzeit
seien 85 Negermänner und 23 Negerfrauen in der Metro-
polregion Green Bay ansässig. Von den 85 Männern lebten
neun in der Stadt Green Bay. Vier seien älter als 45
und verheiratet, zwei seien älter als 35 und verheiratet, von den restlichen dreien lebe ein Mann erst
seit Herbst letzten Jahres hier. Damit kommen seiner
Meinung nach nur zwei Männer als Kindsvater in
Betracht: ein Mr. Jones und ein Mr. Taylor.
Mr. Jones arbeitet als Mechaniker in der Autowerkstatt
Meyer & Sons, Mr. Taylor ist arbeitslos gemeldet. Warum
er die Gruppe der über 35-Jährigen aus den Ermittlungen
ausschließe, fragte MW nach. Er könne sich nicht
vorstellen, dass Miss Truttman mit einem Familienvater
liiert gewesen sei, erwiderte Howard, ein junges
Mädchen wie sie würde sich nur in ihrer Altersgruppe
wohlfühlen. MW entgegnete, dass es ihr schwerfalle,
das Alter von Farbigen einzuschätzen, ein vierzigjähri-
ger Neger könne ihr gegenüber behaupten, zehn, sogar
zwanzig Jahre jünger zu sein, und sie würde es glauben.
Officer Mitchell lachte ungläubig, dann versprach
er, er werde alle überprüfen, die Sechzigjährigen aber
könne man sich wohl sparen, oder? MW pflichtete
ihm bei. Als sie darum bat, bei der Befragung zugegen zu
sein, blickte Howard sie zweifelnd an. Es handle sich

um eine offizielle polizeiliche Untersuchung, sagte er langsam. Der Fall sei jedoch in erster Linie eine Vaterschaftssache, erhob MW Einspruch, eine Straftat liege ja nicht vor. Noch nicht, entgegnete Howard, doch er gab nach. Da es sich um Hausbesuche handle, dürfe sie mitkommen.

Er breitete den Stadtplan von Green Bay aus und zeichnete alle Adressen ein, die sie in den nächsten Tagen aufsuchen würden, beginnend mit jenen der beiden Männer, die am ehesten als Vater des Kindes in Betracht kommen.

16. 02. 1954

Hausbesuch/Mr. A. Jones, 18 Uhr: Archie Jones war nicht anzutreffen. Seine Mutter teilte uns mit, dass er aus dem Koreakrieg nicht nach Hause zurückgekehrt sei, er war vor drei Jahren eingezogen worden. Man habe ihr bloß mitgeteilt, dass er vermisst werde. Was ihm zugestoßen sei, wisse man nicht.

Durch den Türspalt war Mr. Jones' Vater zu sehen. Er saß im Wohnzimmer auf der Couch und starrte auf eine zerknitterte Zeitung. Er ist höchstens Ende 40, sieht jedoch älter aus; sein Sohn ist in etwa so alt wie Carol. Wir kamen überein, dass Jones senior und junior als Kindsvater nicht in Betracht kommen.

Ehe sich Howard verabschiedete, verkündete er, dass er einen Kollegen gebeten habe, nachzuforschen, ob es in dessen Revier im Spätherbst 1952 eine Vergewaltigung gegeben habe. Officer Davis gehe Streife in der Nähe der Zebra Lounge.

17. 02. 1954

Hausbesuch/Mr. C. Taylor, 9 Uhr: Noch ehe wir eine
Frage stellen konnten, erklärte Mrs. Taylor, ihr Sohn
sei ausgewandert, er lebe seit einem Jahr in Kanada.
„Seit einem Jahr?", fragte Officer Mitchell. „Wann genau
ist Mr. Taylor ausgewandert?" Da müsse sie kurz über-
legen, brummte Elizabeth Taylor (die jedoch Liz Taylor
nicht im Geringsten ähnelt). Im Januar 53, sagte sie
und ließ uns dabei nicht aus den Augen. Nein, verbesserte sie sich, im Dezember 52, nach Weihnachten.
Habe er ihr gegenüber jemals eine junge Frau namens
Carol Truttman erwähnt, fragte Howard. Wie nicht anders
zu erwarten, schüttelte Mrs. Taylor heftig den Kopf
und beteuerte, er habe niemals, niemals eine Carol
Truttman erwähnt. Und bei einer Orgie habe er schon gar
nicht mitgemacht, fügte sie hinzu, dazu sei er viel
zu anständig. Ihr Cary sei ein ganz ruhiger, sanfter
Kerl, deswegen habe er sich auch so schwer damit getan,
Arbeit zu finden. Man müsse laut sein, die Werbe-
trommel für sich rühren, damit man nicht übersehen
werde … Und man werde leicht übersehen, murmelte
sie, wenn man schwarz sei, außer natürlich, es gehe um
ein Verbrechen. Und darum gehe es doch, oder, fragte
sie, wir seien auf der Jagd nach einem Verbrecher?
Nun mischte sich MW ein. Nein, betonte sie, es gehe um
ein Kind, das ohne Vater, ohne seine wahre Familie
aufwachsen müsse. Ihr Blick fiel auf die Familienfotos
an der Wand. Das Bild eines Säuglings, bestimmt
nicht älter als ein Jahr, stach ihr besonders ins Auge.
Mrs. Taylor entging dies nicht. Das sei Cary an
seinem ersten Geburtstag, sagte sie. Und wie sehe er
heute aus, fragte MW, habe er sich stark verändert?

Mrs. Taylor schüttelte den Kopf. Er sehe noch immer aus wie ein Baby, sagte sie schmunzelnd und holte ein anderes Bild von der Wand. Es zeigte einen jungen Mann in Anzug und Krawatte. Bei der Firmung, erklärte Mrs. Taylor, er habe sich seither nicht verändert, er habe noch immer einen schütteren Schnurrbart.

Cary Taylor ist kein gutaussehender Mann, man könnte sogar so weit gehen zu sagen, dass er zu den hässlichen Exemplaren seiner Rasse gehört. Es ist unwahrscheinlich, dass eine Frau wie Carol mit ihm ausgehen würde; üblicherweise müssen Neger überdurchschnittlich gut aussehen, damit sie bei normalen Frauen Gefallen erregen.

Mrs. Taylor seufzte. „Das Mädchen ist weiß, nicht?", fragte sie. Howard fragte, woher sie das wisse. Sie antwortete, man höre so manches. Er bestätigte, das Kind sei gemischt. Dann, gab sie zurück, sei der Vater ganz sicher nicht ihr Sohn. Er interessiere sich nicht für weiße Mädchen, sie habe ihm das nicht einmal austreiben müssen. Sie lachte. Nach schwarzen Frauen sei er ganz heiß, weiße ließen ihn kalt. Deswegen sei er ausgewandert, rief sie, die Auswahl hier sei viel zu klein! Dann wäre er wohl besser in den Süden gegangen, meinte Howard grinsend. „Wozu? Um sich aufknüpfen zu lassen?" Mrs. Taylor durchbohrte ihn mit ihren Blicken. Ob sie uns seine Adresse in Kanada geben könne, stotterte Howard. Sie sah ihn mitleidig an. „Nein", sagte sie und schlug die Tür vor unserer Nase zu. Wir kamen zu dem Schluss, dass Mr. Taylor mit großer Wahrscheinlichkeit nicht der Vater des Truttman-Kindes ist, dazu ist die Ähnlichkeit zwischen D. Truttman und C. Taylor zu klein.

Die Befragungen am Nachmittag wird Officer Mitchell aus terminlichen Gründen allein durchführen.

18. 02. 1954

Telefonat m. Mrs. Pauly: Mrs. Pauly verkündete zu Beginn des Anrufs, dass sie eine frohe Botschaft habe. Sie hätten sich dazu entschlossen, Daniel bei sich aufzunehmen – vorerst als Pflegekind, eine Adoption sei aber nicht ausgeschlossen.

Trotz unserer Einwände ließ sie sich nicht von ihrem Entschluss abbringen. Mr. Pauly und sie wüssten über Miss Truttmans Vergangenheit Bescheid, sie hätten all dies in ihre Überlegungen miteinbezogen und seien zu dem Schluss gekommen, dass das Kind ein Opfer sei. Sie seien entschlossen, diesem Elend ein Ende zu setzen; nur, weil es unter unglücklichen Umständen auf die Welt gekommen sei, müsse es kein unglückliches Leben haben.

Es wurde ihr daraufhin erklärt, dass wir die Formalitäten gerne erledigen können, sobald die polizeiliche Untersuchung abgeschlossen sei. Wann das sein werde, fragte Mrs. Pauly. Das können wir noch nicht sagen, antwortete MW, die Untersuchung habe gerade erst begonnen.

Mrs. Pauly schwieg; ihr Schweigen fühlte sich vorwurfsvoll an. Endlich sagte sie, sie würden sich gedulden, bis die Untersuchung beendet sei, und legte auf.

Telefonat m. Officer Mitchell: Howard berichtete, Myron Gordon (47, Vater von vier Kindern, Arbeiter in einer Holzfabrik) habe glaubhaft versichern können, Carol nicht zu kennen. Ebenso John Gaie (45, Vater

von drei Kindern, Hafenarbeiter), Ray Moore (55, Vater
von fünf Kindern und zweifacher Großvater, Besitzer
einer Milchfarm am äußersten östlichen Rand der Stadt)
und Richard Hamilton (51, Vater von drei Kindern
und vierfacher Großvater, Hafenarbeiter). Howard erklärte, er habe sich Fotografien zeigen lassen,
und keiner der vier Männer habe Ähnlichkeiten mit dem
Truttman-Kind aufgewiesen.

(MW/JE)

19. 02. 1954
Miss Murphy zitierte MW heute Morgen in ihr Büro. Sie
bot ihr keinen Sitzplatz an, sondern überfiel sie
mit der Frage, warum die Polizei im Fall Daniel Truttman
Untersuchungen anstelle.
MW erklärte, sie sehe keine andere Möglichkeit, den
Kindsvater ausfindig zu machen. Wenn die Kindsmutter
nicht kooperiere, sagte Miss Murphy ungehalten,
müssten wir eben alle unsere Bemühungen darauf konzentrieren, eine Familie zu finden, die die unbekannte
Herkunft des Kindes akzeptiere. Und so unbekannt sei sie
ja nicht, fuhr sie fort, das Kind sei ja wohl
eindeutig farbig! MW solle die Untersuchung auf der
Stelle beenden. Bereits jetzt kursierten wilde
Gerüchte in der Stadt und machten es nahezu unmöglich,
einen Pflegeplatz für den jungen Truttman zu finden,
von Adoption spreche sie erst gar nicht. Ob sie
sich über die Konsequenzen ihrer Handlungen im Klaren
sei? MW erwiderte, sie habe nichts als ihre Arbeit
getan, und über die Folgen ihrer Handlungen sei sie sich
natürlich im Klaren.

Miss Murphy errötete. Mit erhobener Stimme sagte sie, MW sei selbstgerecht und unbelehrbar. Dass Miss Truttman wegen dieser Gerüchte ihre Arbeit und ihr Zuhause verloren habe und nun auch von ihrem Verlobten verlassen wurde, gehe ihr wohl nicht nahe. Sie schnaufte vor Entrüstung. Die Gerüchte habe keinesfalls sie in die Welt gesetzt, verteidigte sich MW, und dass Miss Truttman Arbeit, Unterkunft und nun ihren Verlobten verloren habe, sei ebenfalls nicht ihre Schuld – der Arbeitgeber habe diese Entscheidung getroffen, die Vermieterin und der Verlobte. Doch Miss Truttman habe sie von Anfang an in die Irre geführt, hätte sie die Wahrheit gesagt, wäre die Situation nicht eskaliert. Darauf wusste Miss Murphy keine Antwort. Sie knurrte lediglich: „Warum können Sie nicht einfach Ihre Arbeit tun?"

An dieser Stelle muss festgehalten werden, dass MW genau dies tut: Sie versucht nicht nur, die rassische Identität des Kindes zu ergründen, sie versucht es auch seiner wahren Familie zuzuführen, auf dass es nicht in einer fremden Kultur, unter Fremden aufzuwachsen braucht. Dies wurde Miss Murphy mit so viel Geduld wie möglich erklärt, was jedoch auf taube Ohren stieß. Miss Murphy wies MW an, sich umgehend mit den Paulys in Verbindung zu setzen, um den Pflegeplatz für Daniel Truttman zu sichern.

Da dieses Gespräch den gesamten Vormittag ausfüllte, musste Officer Mitchell die heutigen Befragungen allein durchführen.

Telefonat m. Officer Mitchell: Howard rief an, um Bericht zu erstatten. Seiner Ansicht nach kommen weder Gene Williams (36, Vater von drei Kindern, Angestellter in einem kleinen Gemischtwarenladen), noch Clark Phillips (38, Vater von zwei Kindern, Aushilfsfriseur) noch Eugene Montgomery (40, Vater von vier Kindern, Aushilfsarbeiter in einer Holzfabrik) als Daniel Truttmans Vater in Frage. Gene habe einen Klumpfuß, Clark sei außerordentlich beleibt und Eugene fehlen zwei Finger an einer Hand aufgrund eines Unfalls. Das und die Tatsache, dass das Kind keinem der drei Männer wie aus dem Gesicht geschnitten sei, würden sie aus dem Kreis der Verdächtigen entlassen.

Damit, sagte Howard, sei dieser Kreis leer. Doch noch seien die Nachforschungen nicht zur Gänze abgeschlossen, womöglich habe ihm Officer Davis etwas Interessantes mitzuteilen.

22. 02. 1954

<u>Telefonat m. Mrs. Rentmeester:</u> Trude hat von der polizeilichen Untersuchung gehört und rief an, um zu fragen, ob wir – die Polizei und der Sozialdienst – eigentlich wüssten, dass es einen Neger in Mr. Waltons Familie gegeben habe. MW verneinte die Frage.

Trude sagte, sie habe es auch nicht glauben können, aber Großvater Walton soll ein Negermischling gewesen sein. Waltons Vater soll Glück gehabt und die Negergene nicht geerbt haben, doch sie seien wohl in der übernächsten Generation zurückgekommen. Sei das nicht die Lösung, rief Trude aufgeregt. Carol sei gar nicht mit einem Neger intim gewesen, sondern mit ihrem Verlobten. Aber sie habe Mr. Walton zum Zeitpunkt der Empfängnis noch nicht gekannt, warf MW ein. Das sei bloß eine Behauptung, echauffierte sich Trude, Mr. Walton müsse der

Vater sein, warum sonst habe er die Verlobung nicht schon längst gelöst? „Kein Mann will eine solche Frau heiraten, nicht nach diesem Skandal!"
MW versprach Trude, diese Theorie an Officer Mitchell weiterzugeben. Sie hat etwas für sich; es ist eine Tatsache, dass Carol uns in keinem Punkt die Wahrheit gesagt hat.

23. 02. 1954
Telefonat m. Officer Mitchell: Howard erklärte, dass laut seinem Kollegen Officer Davis keine Meldung über eine Vergewaltigung im Zeitraum von Oktober bis Dezember 1952 vorliege (weder in seinem Revier noch im gesamten Stadtgebiet). Dass die Schwangerschaft gewaltsam herbeigeführt worden sei, kann daher ausgeschlossen werden.
An Mrs. Rentmeesters Theorie zeigte er sich äußerst interessiert. Wir besprachen sie eingehend und kamen zu dem Schluss, dass mit Mr. Walton noch heute ein Termin für eine Befragung vereinbart werden sollte.

24. 02. 1954
Telefonat m. Officer Mitchell: Er habe mit Mr. Walton gesprochen. Dieser habe die Beherrschung verloren, und es sei zu einem Wortgefecht gekommen. Mr. Walton habe angekündigt, zur Befragung nicht ohne seinen Anwalt zu kommen. Immerhin konnte ein Termin ausgemacht werden: Dienstag, 2. März 1954, 8 Uhr.

25. 02. 1954

<u>Termin (unangekündigt)/Mrs. Pauly</u>: Mrs. Pauly bestand
darauf, mit uns zu sprechen, obwohl ihr wiederholt
erklärt wurde, dass dies ohne vorherige Vereinbarung
nicht möglich sei. Sie ist besorgt, dass das Kind
nicht genug Zuwendung bekommt. Daniel habe bereits die
ersten sechs Monate seines Lebens ohne körperliche
Nähe und Zuwendung zugebracht, sie verstehe nicht,
warum wir „sein Leiden" verlängern.

Mrs. Pauly war aufgebracht, was bis zu einem gewissen
Grad nachvollziehbar ist, jedoch nur bis zu einem
gewissen Grad. Es wurde ihr versichert, dass wir unser
Bestes tun, um Daniel Truttman mit seiner Familie
zu vereinen. Sei es nicht in seinem Interesse, im Kreise
seiner Familie – seiner genetischen Familie – aufzuwachsen? Was wisse sie über die Kultur der (amerikanischen) Neger? Das Kind sei fremd hier, selbst in
ihrer zweifellos liebevollen Familie werde es ein
Fremder bleiben. Unser Ziel sei es, ihn wieder
mit seiner natürlichen Umgebung zu vereinen – sei dies
so verwerflich?

Ohne die Frage zu beantworten, stampfte Mrs. Pauly aus
dem Zimmer.

26. 02. 1954

<u>Absage/Katholisches Wohlfahrtsbüro, Madison</u>: Miss Cha-
plain schreibt, dass sie ein Negerkind leider nicht
vermitteln könne.

(MW/JE)

01. 03. 1954

Telefonat m. Mrs. Rentmeester: Wie wir soeben erfahren
haben, hat Carol versucht, sich mit einer Überdosis
Schlaftabletten das Leben zu nehmen. Sie wurde ins
Krankenhaus St. Mary eingeliefert; ob dies rechtzeitig geschah, wird sich zeigen.

02. 03. 1954

Daniel Truttman wird vorübergehend unter die Aufsicht
von Miss Murphy gestellt, da Miss Winckler mit
sofortiger Wirkung den Sozialdienst der Erzdiözese
Green Bay verlässt.

(MM/JE)

Dannys Akte war schmal, trotzdem hatte ich nach der fünfzehnstündigen Reise bloß die eine Hälfte gelesen, für die andere brauchte ich fast ein Jahr. Ich gab den täglichen Unterbrechungen die Schuld, den langen Pausen, die es nötig machten, zurückzublättern, wünschte, ich könnte wie in meiner Kindheit über *meine Zeit* verfügen, aber im Grunde waren es meine Bedenken, die den Lesefluss störten: Ich wusste nicht, wie ich mein Versprechen halten sollte; etwas, und sei es auch nur eine Kleinigkeit, über Marlene Winckler herauszufinden, erschien mir als unlösbare Aufgabe – was wusste ich schon über sie? Dass sie Österreicherin war und eine Zeitlang in Amerika gelebt hatte, mehr nicht. Halbherzig googelte ich ihren Namen, die Suche brachte natürlich nichts ein, nicht einmal einen Hinweis, der mich weitergeführt hätte.

Ich gab auf; ich gestand es mir nicht ein, aber ich gab auf. Ich sagte mir, ich brauchte mehr Zeit, Zeit, die ich nicht hätte, ich müsste Abgabetermine für Artikel einhalten, Lesungen und Vorträge vorbereiten, an Podiumsdiskussionen teilnehmen, tatsächlich wurde die Sehnsucht größer, mich in mein Buch zu versenken; bald arbeitete ich fieberhaft an dem Roman, fieberhaft und ungeduldig, die Arbeit ging mir viel zu langsam voran, ständig schielte ich auf das Ende, zählte die Seiten, ich war außerstande, mich auf etwas anderes zu konzentrieren. Dann kehrte Ruhe ein, und in diesem Zustand der Taubheit verschwammen die Tage. Joans Anliegen rückte in eine Zukunft, in der diese Arbeit beendet wäre; drei Jahre vergingen, ohne dass ich einen weiteren Gedanken an die Truttmans verschwendet hätte.

Da ich auch keine Nachricht aus den USA erhielt, vergaß ich, jemals ein Versprechen gegeben zu haben.

Im Sommer 2016, zugleich mit Donald Trumps Kür zum Präsidentschaftskandidaten der Republikaner, war ich so weit, das Manuskript an den Verlag zu schicken. Mich von einem Buch zu trennen, das mich mehrere Jahre lang begleitet hat, fällt mir trotz der *Unstimmigkeiten* schwer, die zwischen mir und dem Text, dem Schreiben herrschten, der Abschied muss langsam, sanft vonstattengehen. Zuerst packe ich alle Notizen, Notizzettel und -hefte in eine Schachtel, danach alle Bücher, Fotokopien, Fotografien und Bilder, die datierten und durchnummerierten Manuskriptversionen lege ich obenauf. Wenn sich alles in der Kiste befindet, stelle ich sie in die unterste oder oberste Reihe meines Bücherregals; bisweilen schiebe ich flache Schachteln unter die Kommode oder unter mein Bett.

Während ich die verschiedenen Romanfassungen durchsah, fiel mir Dannys Akte wieder in die Hände. Ich blätterte sie durch, überflog den Teil, den ich noch nicht gelesen hatte, und entdeckte eine Nachricht von Joan, ein liniertes Blatt Papier im Format US Letter, das gefaltet zwischen den letzten beiden Seiten steckte:

Dear Fran,
this is the address I have for Marlene Winckler:
19 Fuerthweg
Vienna 1130
Austria
Love, Joan

Ich glaube an Zufälle, das heißt, ich glaube, dass das Leben weit mehr von Zufällen gesteuert wird, als wir wahrhaben können und wollen, doch wenn ich zufällig einem Zufall auf die Schliche komme, wenn er sich geradezu dreist vor meinen Augen entblößt, fällt es mir schwer, nicht überrascht zu sein –

Marlenes letzte bekannte Anschrift befand sich in meinem Heimatbezirk.

Ich begegne ungern Menschen aus meiner Vergangenheit, diese Art der *Zeitreise* fühlt sich verkehrt an, wie ein Rückschritt: als müsste ich ein zusammengebautes Uhrwerk wieder zerlegen. An vergangene Orte hingegen kehre ich gern zurück, Orte sind Erinnerungsspeicher, mehr nicht. Eine Wiederbegegnung mit ihnen verläuft zwar auch nicht konfliktfrei, doch die Konfrontation kann ich steuern, ihr entgegensteuern. Ich reise sogar in regelmäßigen Abständen in die Städte, in denen ich gelebt habe, suche die Wohnhäuser auf, die ich bewohnt habe, schleuse mich in die Stiegenhäuser, manchmal in die Wohnungen ein. Ich gehe die Gassen und Straßen ab, meine Lieblingsstrecken zum Kaffeehaus, zum Bäcker, zum Lebensmittelladen, zur nächsten U-Bahn-Station, zum Park, lebe den Ausschnitt eines vergangenen Alltags nach und fühle mich auf wundersame Weise getröstet. Dies ist die einzige Form von Nostalgie, die ich mir gestatte: Fotoalben besitze ich keine, ich habe schon vor Jahren aufgehört, zu fotografieren. Alle E-Mails, die älter als 365 Tage sind, lösche ich, Postkarten und Briefe, sollte ich welche bekommen, schmeiße ich sofort nach Erhalt weg. Ich führe weder Tagebuch, noch stelle ich mein Leben im *world wide web* aus; erscheint mir eine Arbeitsnotiz privater Natur, reiße ich die Seite heraus. Sich mit Unterstützung zu erinnern oder gar den Hilfsmitteln die Zügel zu überlassen, lehne ich ab. Eine Erinnerung ist erst eine Erinnerung, wenn sie zu verblassen, sich mit anderen Erinnerungen zu verbinden beginnt; wenn ihre Grenzen verschwimmen, ihre Farbe, ihr Geruch, ihr Geschmack nachlassen; wenn sie kraftlos wird, harmlos … An vergangene Orte kehre ich gerne zurück, aber den Ort meiner Kindheit und Jugend hatte ich bisher gemieden.

Wenn man die Welt vom XIII. *Bezirk aus sieht, einen so beschränkten Blickwinkel hat, ist man natürlich geneigt, die* Lainzer Straße *herauszustreichen, über sie etwas herauszufinden, sie zu loben und ihr eine gewisse Bedeutung zu verleihen.* Man könnte sagen, sie sei eine besondere Gasse, weil sie sich Straße nennt und den Schlosspark Schönbrunn nur um eine Kurve verfehlt; man könnte sagen, sie sei besonders, weil sie den Bezirk in eine noble Hälfte, das Villenviertel, und in die weniger noble Hälfte teilt, die an Meidling grenzt und in die die Mehrheit der Gemeindebauten gepflanzt wurde, freilich solche, die das Stadtbild nicht verschandeln. Bedeutsam ist sie auch deshalb, weil sie von der Straßenbahnlinie 60 befahren wird, das Hauptverkehrsmittel in dieser Gegend, wenn man von Auto und Fahrrad absieht (Busse gibt es wohl auch). In meiner Vergangenheit war der Sechziger mehr als eine Straßenbahn, seine Haltestellen und seine Waggons waren Orte der Begegnung, bestimmte Menschengruppen trafen sich in bestimmten Waggons, die Jungen am Ende, die Mittleren im Bauch, die Älteren im Kopf des Zuges, sie wollten möglichst nahe beim Straßenbahnfahrer sitzen; nicht selten brannte ihnen eine Frage auf der Zunge. Für mich war der Sechziger der Ort, an dem die Stadt begann, ich steckte hingegen im Dorf fest. Selbst heute empfinde ich den dreizehnten Bezirk als abgetrennt vom Rest Wiens – wenn ich an Hietzing denke, sehe ich ein Tal vor mir, manierlich bepflanzt und sorgfältig geschmückt mit Gartenzwergen, Osterhasen und Rosenbüschen. Die Gehsteige sind sauber und leer, zwischen

den Einfamilienhäusern stehen Mehrfamilienhäuser, die
wie Einfamilienhäuser aussehen, die Autos, die am Stra-
ßenrand parken, parken paralleler und die Menschen sind
reinlicher als im Rest der Stadt. Idyllisch ist es hier; die Idyl-
le wurde nur einmal gestört, als Kurt Waldheims NS-Ver-
gangenheit im Zuge der Präsidentschaftswahl 1986 aufge-
deckt wurde, die lautstarke Fürsprache für den angeblich
Unschuldigen verstummte bloß widerwillig. Damals schien
mir, als führte nur ein Weg hinaus –

was seine Bewohner nicht störte, denn alles, was sie
brauchten, alles, was ihr Herz begehrte, stellte ihnen ihr
Bezirk zur Verfügung: die Geschäfte in der Hietzinger
Hauptstraße, die kleinen Läden und Restaurants entlang
der Lainzer Straße. Selbst wandern konnte man, ohne die
Bezirksgrenzen zu verlassen (im Lainzer Tiergarten in Sisis
Fußstapfen), guten Kaffee und Tafelspitz gab es in der Nähe des Schlossparks, exotisch essen (chinesisch) konnte man
im Ekazent, tanzen lernen auch, wenngleich der Elmayer
weit weg war, man also mit einer namenlosen Schule vorliebnehmen musste (dafür konnte man das Gelernte während einer Ballnacht im Parkhotel Schönbrunn anwenden).
Für Kultur, denn die war den Hietzingern wichtig, sorgten
ein Kino, das sich gerade noch innerhalb der Bezirksgrenzen befand, eine Galerie, die Stillleben von Katzen und Blu-
mensträußen ausstellte, sowie die Jugendstil- und Bieder-
meierhäuser in Alt-Hietzing; als Volksschulkind durfte ich
mit meiner Klasse die Pawlatschen in einem dieser Innen-
höfe bewundern. Der einzige Wermutstropfen: Theater. Dafür musste man den Bezirk verlassen, außer man begnügte
sich mit dem Schlosstheater Schönbrunn oder dem Schul-
theater. Die Bühnenspielgruppe an meinem Gymnasium
bemühte sich, diesen Mangel mit Nestroy, Dürrenmatt,

Thornton Wilder und natürlich mit *Biedermann und die Brandstifter* zu mildern. Frau Professor Klimek (Biologie/ Oberstufe), die menschliches Leben in *unwertes* und *wertvolles* unterteilte und mein Gesicht dafür nutzte, um die Merkmale der *mongoliden Rasse* zu demonstrieren, war nicht im Publikum zu sehen, dafür im Lehrerzimmer bis zu ihrer Pensionierung.

Die Zeit war mein Feind, ich saß sie ab, zählte die Tage, bis ich den Dreizehnten im Bauch des Sechzigers mit einem Trekking-Rucksack auf dem Rücken endlich verlassen durfte. Die Gemütlichkeit und Gemächlichkeit des Alltags, der Blick, der nicht nach innen, sondern an den äußersten Rand des Inneren gerichtet war, ließen die Illusion zu, die Welt wäre nicht bloß heil, nein, sie hätte nie am Rande der Zerstörung gestanden. Zerstörung existierte nicht hier, denn Zerstörung, so lautete der Konsens in dieser Weltengegend, hatte ihren Ursprung in den Menschen, die außerhalb Hietzings lebten, in den Kulturfernen, Kulturlosen, Gottlosen.

Nach der Matura verließ ich das Dorf meiner Geburt und kehrte nicht mehr zurück; nie wurde ich von einem Gefühl übermannt, das man Sehnsucht nennen könnte, aber nicht sollte.

Seit Tagen brannte die Sonne auf den Asphalt, eine Hitzewarnung löste die andere ab. In der Stadt herrschte eine eiserne Stille: Das Lied der Vögel erklang nur frühmorgens, wenn sich das erste Licht des Tages von den Dächern löste. Später ließen weiße, graue und gläserne Fassaden das Sonnenlicht explodieren; die zubetonierte Erde schluckte die Wärme, bis sie sie nur noch ausspucken konnte. Die Straßen waren verlassen, sogar die Lainzer Straße war menschenleer.

Die Fahrt mit dem Sechziger blieb mir nicht erspart, die Sitzordnung von damals hatte sich jedoch geändert, nun waren die Altersgruppen gemischt, eine Ordnung welcher Art auch immer konnte ich nicht ausmachen, mir fiel allerdings der relativ hohe Anteil *scheinbar Ausheimischer* auf, der früher verschwindend klein gewesen war (ich). An der Station Preyergasse stieg ich aus, ich kannte eine Abkürzung zum Fürthweg, wir hatten ganz in der Nähe gewohnt. Die ersten Schritte setzte ich noch vorsichtig, als befände ich mich auf einem unbekannten Planeten, bald musste ich mir aber eingestehen, dass meine Vorsicht lachhaft war; war sie all die Jahre notwendig gewesen? Nun mutiger (erstaunlich, wie wenig der Körper vergisst, die Beine schlagen von selbst die richtige Richtung ein), machte ich mich auf zu unserem alten Wohnhaus: Ich kam am Gemeindebau vorbei, einer Anlage mit acht Häusern, einem Spielplatz und einem Hügel, von dem wir im Winter hinuntergerodelt, im Sommer hinuntergekugelt waren; wir, ich schreibe *wir* und meine ein namenloses Wir, denn dieses vergangene Wir löste sich schnell auf und setzte sich ebenso schnell wieder zusammen, das Kinder-Wir ist elastisch. Neben meinem ehemaligen Haus begann immer noch ein Steig, ein schmaler steiler Pfad, der auf den Küniglberg führte. Eine Abzweigung endete auf einem Plateau, das man auch als Terrasse bezeichnen könnte; von dort war ich früher oft in den Hof gesprungen. Da die Haustür nie abgesperrt gewesen war, nur das Tor zur Straße, hatte ich mir auf diese Weise Zutritt verschafft; im Stiegenhaus hatte ich dann auf Vater oder Barbara gewartet, außer, ich hatte den Wohnungsschlüssel nicht vergessen.

Ich nahm den Steig zum Plateau, aus meinem Plan aber, in den Hof zu springen, wurde nichts. Ich blieb, beschwert durch Skrupel und überwältigt von der plötzlichen Gegenwart der Vergangenheit, auf der Terrasse sitzen. Aus meinem geliebten Zuckerlgeschäft war zwar ein *Asia Noodle Shop* geworden, aus dem *Konsum* ein *Billa*, doch alles andere, die Bücherei in der Volkshochschule, meine alte Musikschule, das Papiergeschäft namens *Papier Pospisil*, war an seinem Platz, unverändert; konserviert. Hier und da waren Blumen gepflanzt, kleine Plätze geschaffen worden, wo früher lediglich ein paar Bänke gestanden waren. Solche Verschönerungsmaßnahmen konnten jedoch nicht darüber hinwegtäuschen, dass in meinem alten Wohnviertel ein Mangel herrschte: Ich war, das wurde mir klar, nicht das einzige Kind, das sich für einen Weggang entschieden hatte. Diese Einsicht nahm meinen Erinnerungen die Schärfe, machte sie auf einen Schlag stumpf.

Ich weiß nicht mehr, wie lange ich auf dem Plateau saß und in den Innenhof starrte; ich versuchte mich zu rühren, vermochte es aber nicht. Mir wurde klar, dass ich mir all die Jahre etwas vorgemacht hatte, ich hatte diesen Ort in Wahrheit nur ihretwegen gemieden: wegen Ha.

Ich hatte immer sie für den Zerfall der Familie verantwortlich gemacht, *sie*, die für mich keinen Namen besaß, weder einen Vor- noch einen Nachnamen, bloß die *Bezeichnung* Ha (von *Mutter* abgesehen). Ich hatte früh beschlossen, ihren Namen nicht auszusprechen, er war, wie ihre Person, eigenartig, seltsam, durchdrungen von einer Fremdheit, an die ich mich nicht gewöhnte. Jedes Mal, wenn ich mit ihr konfrontiert wurde, und jede Begegnung mit ihr war eine Konfrontation, konnte ich mich ihrer Unbedingtheit vergewissern. Die Fremdheit ging von Ha aus, folgte ihr überall hin, alles, was sie berührte, jedes Wort, das sie in den Mund nahm, wurde von ihr infiltriert, nein, infiziert. In meinen Augen war Ha selbst die Krankheit, eine schwere, unheilbare Krankheit, und ich hatte Angst, sie in mir zu tragen, an mir war sie bereits zu sehen.

Ha war als Krankenschwester nach Österreich gekommen. Tatsächlich hatte sie die Ausbildung in ihrer Heimat nur gemacht, damit sie nach Europa gehen konnte, sie wollte den *Reisberuf* bei erster Gelegenheit wieder aufgeben. Sie war Musikerin, sie hatte schon als Kind Cello gespielt, als Jugendliche landesweit Wettbewerbe gewonnen, ihre Berufung war allerdings die Komposition, sie wollte keine fremden Stücke spielen, sondern eigene, ihr Leben sollte nicht an das Leben anderer Menschen gebunden sein. Vater, auch seinen Namen werde ich aus Gründen der Gleichberechtigung abkürzen, Dick, ein Pathologe im Dienst der Vereinten Nationen, mehr ein Politiker als ein Wissenschaftler, lernte Ha im Krankenhaus kennen, er hatte sich auf einer Mission verletzt, sie pflegte ihn gesund, und nach seiner Entlassung aus dem Spital heirateten sie. Barbara wurde nicht zur standesamtlichen Zeremonie eingeladen, eine kirchliche Trauung kam für das Paar nicht in Frage, da Ha Buddhistin war, wenn auch keine praktizierende; ich erinnere mich nicht, sie jemals in der Nähe eines Tempels gesehen zu haben.

Anfangs scheint Ha unternehmungslustig, lebhaft und fröhlich gewesen zu sein. Weder sie noch Dick kochten, so gingen sie jeden Abend essen (und trinken, über den Durst), Geschirr, wurde mir erzählt, hätten sie keines besessen. Da sie ein sesshaftes Leben ablehnten, reisten sie von einem Hotel zum nächsten und zwischendurch durch Österreich, das Gebirge hatte es ihnen angetan, allerdings entdeckte Ha, dass sie an Höhenangst litt, so wartete sie stets am Fu-

ße der Berge auf Dick, bis er von seinen Abstechern zurück-
kehrte. Schon damals etablierte sich dieses Muster, die auf
den Mann wartende, oder nein, die zum Warten in der
Fremde verurteilte Frau; womöglich waren die ersten An-
fälle von Übelkeit und Schwindel die Anfänge ihrer Krankheit gewesen? Womöglich hatte sie die Fremde gar nicht
aus ihrer Heimat mitgebracht, sondern war in der Fremde
vom Fremden infiziert worden? Zunehmend dem Fremden
ausgesetzt, hatte sie vielleicht keine andere Wahl gehabt, als
es anzunehmen, sich ihm zu ergeben.

Als sie Ha das erste Mal traf, erzählte Barbara später, habe sie das Gefühl gehabt, einem Kind zu begegnen. Ha sei
klein und schmal gewesen, schmächtig, mit kugelrunden
schwarzen Augen, die furchtsam in die Welt blickten, jeder
habe sie zehn Jahre jünger geschätzt. Barbara habe es nicht
fassen können, dass sich ihr Sohn, der dem Rationalen zugeneigt war, mit einem *Mädchen* eingelassen hatte, das sich
im Irrationalen wohler fühlte; für Ha gab es keinen Unterschied zwischen der Wirklichkeit und der Fantasie, das
Imaginierte war ein gleichberechtigter Teil der Wirklichkeit, der in sämtliche Überlegungen miteinbezogen wurde.
Sie habe sich immer im Schatten der Einsamkeit bewegt,
sagte Barbara, während der Schwangerschaft habe er sich
verdichtet, sie überdeckt, und irgendwann sei Ha nicht
mehr zu sehen gewesen.

Anfangs verstanden sich Barbara und Ha gut, Ha war
auf der Suche nach einer Mutter und Barbara auf der Suche
nach einem Kind, ihr eigenes hatte sich früh von ihr abgewandt: Dick war der Ansicht, seine Mutter *laboriere* an
einer *unheilbaren Unbedarftheit.* Dick war schon als Kind
arrogant und distanziert gewesen, diese Unnahbarkeit gab
er weder als Jugendlicher noch als Erwachsener auf. Barbara

und Dick besprachen nur das Allernötigste, vielleicht nahm die Anzahl der Worte zu, nicht aber die Nähe: Im Streit erklärte er ihr einmal, von Familie halte er genauso viel wie von *Hundescheiße*, sie sei überall und am liebsten würde man ihr aus dem Weg gehen, aber jemand müsse sie *aufklauben* und *entsorgen*.

Barbara nahm Ha unter ihre Fittiche: Sie schrieben gemeinsam die Kündigung, und während Barbara in der Eingangshalle des Krankenhauses wartete, gab Ha sie im Sekretariat ab. Sie gingen zusammen zur Studienabteilung der Musikhochschule, füllten in Teamarbeit das Anmeldeformular zur Aufnahmeprüfung aus, und als Ha abgelehnt wurde, war Barbara zur Stelle, um Ha zu trösten. Die Idee, Musikwissenschaft zu studieren, stammte auch von Großmutter; mit Beginn des Studiums aber begann Has Abnabelung, und Barbara wurde verstärkt zur Betreuung des tatsächlichen Kindes abkommandiert.

Der Fürthweg ist, wie der Name schon sagt, ein Pfad im Gefüge der Stadt, zudem eine Sackgasse. Als ich das erste Mal auf ihn stieß, meinte ich, einen Geheimweg entdeckt zu haben: Nicht nur blieb er die meiste Zeit des Tages unbenutzt – seine Bewohnerinnen und Bewohner verließen ihre Behausungen äußerst selten, ich überprüfte die Frequenz und notierte sie –, auch die hohen Hecken und Bäume, die die Sicht auf die Gärten und Häuser verdeckten, verstärkten den Eindruck, dass der Weg ungesehen bleiben wollte. Marlene Wincklers Haus war noch besser verborgen als alle anderen; zum einen trug es keine Hausnummer (ich musste mitzählen, um es als Nummer 19 zu identifizieren), zum anderen war es gut getarnt, die gesamte Fassade war mit Efeu zugewachsen, er war sogar bis zum Zaun vorgedrungen, schlängelte sich zwischen die Thujen und den Maschendraht. Eine Kletterpflanze mit gelben Trompetenblüten hatte sich zum Efeu gesellt, und rosa Kletterrosen aus dem Nachbargarten.

Der Garten war wilder, als ich es von Hietzing gewöhnt war, die Fenster waren blind vor Staub, und die grüne Farbe blätterte von der Haustür und den Fensterrahmen ab. Trotzdem wirkte das Gebäude nicht verwahrlost, sondern freigelassen, in die Freiheit entlassen. Auf dem Namensschild aus Messing prangte in geschwungenen Lettern *Bernard*, daneben ragte ein Knopf aus der Platte; als ich ihn drückte, ertönte ein heller Gong.

Ich wartete, ehe ich ein zweites Mal klingelte. Da sich auch diesmal niemand meldete, kauerte ich mich auf den Gehsteig und fischte mein Notizbuch aus der Tasche, um eine Nachricht zu schreiben; aus dem Briefkasten quoll keine Werbung, er wurde offenbar regelmäßig entleert. Plötzlich öffnete sich das Fenster des Nachbarhauses mit einem Knarren. Ob ich zum Fräulein Bernard wolle, erkundigte sich die Nachbarin mit heiserer, hoher Stimme und stellte sich mit *Gruber* vor; auf ihrem Blumenkasten saß eine hölzerne Eule neben Büscheln von roten und violetten Blumen, die Farbe ihrer Bluse passte zu diesem Ensemble, und das Gold ihrer Lesebrille glitzerte im Sonnenlicht, sodass ich unwillkürlich nach einer Kaffeemühle Ausschau hielt. Ich sprang auf, klopfte mir den Straßenstaub von der Hose und setzte zu einer Erklärung an, als Frau Gruber mich auch schon wieder unterbrach. Sie habe der Silvia versprochen aufzupassen, das Schloss sei nicht mehr das neueste, obwohl sie es ihr geradezu gepredigt habe, wechsle das Schloss aus, Mäderl, das kann dir jeder aufbrechen, sogar ich, und ich bin weiß Gott kein professioneller Einbrecher.

Frau Gruber sprach schnell und nuschelte, so sagte ich laut
und betont langsam, das sei ich auch nicht. Natürlich nicht,
natürlich nicht, so habe sie das nicht gemeint, Frau Gruber
lachte (glucksend) und fragte, was ich denn von der Silvia
wolle, ob ich ein Galerist sei, oder ein Käufer, nein, wie sage man doch gleich, ein Sammler?

Ich sei auf der Suche nach Frau Winckler, sagte ich, Marlene Winckler, mir sei diese Adresse –. Da sei ich schon
richtig, fiel mir Frau Gruber ins Wort, das sei die Residenz
des Herrn Doktor gewesen, des Herrn Doktor Winckler,
dann sei der Herr Doktor verstorben und habe sein Haus
seiner Tochter vermacht, und heute lebe die Enkeltochter
hier. Die Tochter Marlene Wincklers?, bohrte ich nach.
Frau Gruber nickte, richtig, genau, so ist es, die Tochter
von Marlene Bernard, geborene Winckler. Die Silvia pen-
dle zwischen ihrem Atelier und ihrem Haus, von Hietzing
nach Meidling und von Meidling zurück nach Hietzing,
manchmal schlafe sie in ihrem Atelier zwischen ihren Farben und Pinseln, dann lasse sie sich tagelang, wochenlang
nicht blicken, Künstler, sagte Frau Gruber, unberechenbar
seien sie, sie machen, was sie wollen, man müsse sich um sie
kümmern, nicht wahr? Sie brauchten das, das Gekümmere,
sie seufzte, es müsse schön sein, Künstler zu sein, den ganzen Tag zu malen, in den Farben zu plantschen und dabei
in die Wolken zu schauen.

Frau Gruber lehnte sich aus dem Fenster. Sei ich denn
nun ein Sammler oder ein Galerist? Eine Galeristin, wiederholte ich. Silvia habe ihr erzählt, dass sie eine habe, sagte
Frau Gruber, eine Galerie, sie stelle ja immer wieder aus –.
Ich sei keine Galeristin, diesmal ließ ich sie nicht ausreden,
die Hitze begann mir zuzusetzen, ich müsse Frau Bernard
wegen ihrer Mutter sprechen. Die Marlene, ja, sie habe sie

gut gekannt, jeden Morgen hätten sie über den Gartenzaun hinweg miteinander geplaudert, konferieren, so hätte Marlene ihr Kaffeeplauscherl genannt, aber … Frau Gruber stutzte. Die Silvia telefoniere nicht, erklärte sie und senkte ihre Stimme, sie besitze ja nicht einmal ein Telefon, zumindest habe sie, Frau Gruber, es noch nie dort drüben läuten gehört … Aber wenn ich wolle, könne ich eine Nachricht dalassen, sie gebe sie gerne weiter. Ich bedankte mich, kritzelte schnell meine E-Mail-Adresse neben meine Telefonnummer, faltete den Zettel und wollte ihn Frau Gruber reichen, als sie sagte, *stecken S' ihn doch bitt'schön der Eule in den Hals.*

Silvias Antwort kam noch am selben Tag.

Als ich mich eine Woche später erneut dem Haus mit der Nummer 19 näherte, fiel mir seine Baufälligkeit noch stärker auf, doch je genauer ich es betrachtete, desto mehr wuchs in mir der Verdacht, die Bernards hätten den Verfall zugelassen, ihn begünstigt. Und man hätte meinen können, der Garten beteilige sich am Umbau: Der Efeu hatte die vormals gelbe Fassade in ein dunkles, sattes Grün umgefärbt, der Kirschbaum auf der einen und der Apfelbaum auf der anderen Seite hatten die Kanten des Ziegeldachs abgeschliffen, und das Moos war im Begriff, jene Stellen zu überdecken, die der Efeu ausgespart hatte.

Ich war davon ausgegangen, dass es bei diesem einen Treffen bleiben würde, deshalb hatte ich eine Kopie von Dannys Akte eingesteckt; ich dachte, ich könnte sie, sollte dies nötig sein, als Lock-, vielleicht sogar als Druckmittel einsetzen, allein ihr Inhalt würde Silvia zum Reden bringen –

es ist ein Balanceakt, Individuen in *Informanten* zu verwandeln, es erfordert das richtige Verhältnis von Skrupellosigkeit, die an Brutalität grenzt, und Zartheit, Fingerspitzengefühl, gilt es doch, möglichst rasch eine emotionale Verbindung herzustellen, da der Informationsstrom sonst nicht zu fließen beginnt. Diesen Moment nicht zu versäumen, diesen kritischen Moment, wenn der Wunsch zu sprechen dringlich wird, ist entscheidend; erwischt man ihn, braucht man nicht mehr nachzuhelfen, ab diesem Zeitpunkt handelt es sich nicht mehr um ein Gespräch, sondern um ein Bekenntnis oder Geständnis. Ich schätze diesen Aspekt meiner Arbeit nicht mehr, mir fällt es zunehmend schwer, aus Menschen Themen und in weiterer Folge Informationen, *Daten* zu machen, sie aus ihrem Leben zu reißen und auf einen Aspekt zu reduzieren; er lässt sie stets in einem anderen Licht erscheinen, verkleinert die Erfolge, vergrößert die Misserfolge, das Scheitern, da alles auf eine Sache, auf einen Punkt zurückgeführt wird. Es erscheint mir grausam, einen Menschen so lange zu verkleinern, bis er in ein paar Wörter, in einen Absatz, auf ein paar Seiten passt: bis er beliebig geworden ist. In der Beliebigkeit verliert das Leben seine Schönheit, eine Schönheit, die im Komplexen, Unübersichtlichen, im Chaos liegt; im Schatten wie im Licht.

Von Silvias E-Mails hatte ich den Eindruck gewonnen, dass sie eher abweisend, schroff war, ich machte mich daher auf eine kühle Begrüßung und eine stockende Unterhaltung mit zahlreichen peinlichen Pausen gefasst; tatsächlich war sie freundlich und offen, wenn auch etwas schüchtern. Schon bei der Begrüßung sagte sie, und ihre Art, die Wörter zu dehnen und die letzte Silbe in die Höhe zu wirbeln, verlieh ihrem Sprechen eine hohe Musikalität, sie bewundere Menschen, die ihr Leben in Wörtern verbringen, sie selbst sei *vorsprachlich*, ein Tier, mehr geleitet von Instinkt als von Verstand. Sie suchte sich die Wörter sorgfältig aus, ehe sie sie in den Mund nahm, als würde sie vorher die Speisekarte studieren; ich musste mich zusammenreißen, um dem Drang zu widerstehen, ihre Sätze zu beenden. Ein einziges Mal konnte ich nicht anders, bemerkte aber, dass sie sich zurückzog, also übte ich mich in Geduld.

Silvia war eine große, äußerst schlanke Frau Ende fünfzig. Mit ihren langen Gliedmaßen sah sie aus wie eine Tänzerin, zudem bewegte sie sich anmutig und kontrolliert. Sie hatte schwarz gefärbte, schulterlange krause Haare, die ihr um den Kopf standen wie eine Kumuluswolke. Aber es war ihr Gesicht, das mich von der ersten Begegnung an faszinierte, die blasse Haut mit den vielen feinen und feinsten Fältchen, die nicht zu ihrem Alter passten, und doch waren sie da, ich konnte sie fast spüren, wenn ich sie betrachtete, und manchmal zuckte es geradezu in meinen Fingern, weil ich diese Haut berühren wollte, die ich mir zart und kühl vorstellte wie Tau. Die Kühle, die von ihr ausging, stand im Gegensatz zu den Augen, die unter der hohen Stirn im warmen Grün erstrahlten. Ihre Wimpern allerdings waren kurz, fast unsichtbar, so sahen ihre Augen aus, als wären sie nackt.

Wir saßen in der Bibliothek, ich auf der Couch, Silvia im Lehnstuhl, uns gegenüber eine Armee von Büchern in Regalen, die vom Boden bis zur Decke reichten. Auf den Beistelltischen standen unsere Kaffeetassen, der Kirschkuchen und zwei Schüsseln mit Schlagobers; ich probierte ihn und stellte fest, dass er gesüßt war, wie bei Barbara. Überhaupt erinnerte mich vieles an Großmutter, der schwere Bauernschrank, den ich beim Betreten des Hauses in einer Ecke im Vorzimmer erspäht hatte, die mächtige Anrichte und

das Kreuz in der Küche, der weiche Teppich, in dem meine
Füße versanken, und nicht zuletzt der Duft, der die Innenräume beherrschte, ein Geruch nach altem Holz, Motten-
kugeln und Staub.

Die Bibliothek, ein langer tunnelförmiger Raum, war
ursprünglich ein Wintergarten gewesen, vor uns befand
sich eine Regal-, hinter uns eine Fensterwand, die von weißen Vorhängen verhüllt wurde. Der leichte Stoff filterte das
Licht, das sich seinen Weg ins Innere bahnte als ein Ab-
klatsch –

die Erinnerung an Licht.

Marlene habe selten, so gut wie nie über ihre Zeit in Amerika gesprochen, sagte Silvia; sie nannte ihre Mutter *Marlene* und *die Ehefrau*, ihren Vater *Paul* und *der Ehemann*. In
Marlenes Leben habe es klare Prioritäten gegeben, die Kinder, ihr Bruder und sie, seien keine gewesen. Der Ehemann
sei Marlenes Sonne gewesen, um die sie bis zu seinem Ab-
leben kreiste. Wäre es nach der Ehefrau gegangen, hätte sie
wohl keinen Nachwuchs gehabt, für Kinder hatte sie nichts
übrig. Sie habe sie bestenfalls amüsant gefunden, vor allem,
wenn der Ehemann mit ihnen spielte, war er jedoch außer
Haus, habe sie sich unverzüglich von ihnen ab- und ihrer
Lektüre zugewandt. Wenn sie heute an Marlene denke, sagte Silvia, sehe sie sie an ihrem Schreibtisch sitzen, den Kopf
tief über ein Buch gebeugt. Sie sehe bloß ihren Rücken vor
sich und höre ein abweisendes Grunzen. Sie habe früh verstanden, sagte Silvia, dass Mutterschaft nicht für jede Frau
das Richtige sei, Kinder zu haben, keine Kinder zu haben,
das seien private Entscheidungen, in die sich die Gesellschaft nicht einmischen sollte. Marlene hätte nie Mutter, sondern Wissenschaftlerin werden sollen, noch im Alter von

fünfzig Jahren habe sie ihr Studium abgeschlossen. Mit sechzig habe sie ihre Doktorarbeit geschrieben, für eine wissenschaftliche Laufbahn sei es zu spät gewesen. Vielleicht habe sie deshalb ihren Ehemann so geliebt, sagte Silvia mit einem angedeuteten Lächeln, durch seinen frühen Tod habe sie sich ganz ihren Studien widmen können. Wann er gestorben sei, fragte ich. Silvia überlegte, rechnete nach. Vor bald vierzig Jahren, sagte sie. Und wann sei Marlene gestorben, fragte ich. Vor elf Jahren, antwortete sie.

Ich holte Dannys Akte aus meiner Tasche, legte sie auf den Tisch und fasste sowohl meine Begegnung mit Joan als auch Dannys Geschichte zusammen. Währenddessen blätterte Silvia die Akte durch, nachlässig, wie mir schien, ohne besondere Neugier, dennoch warf sie einen Blick auf jede einzelne Seite. Bald war nur noch ihr Blättern zu hören, das charakteristische Rascheln des Papiers, das durch das Kopieren spröde geworden ist. Endlich hatte sie die letzte Seite erreicht; sie lehnte sich zurück, starrte die Wand an, als befände sich dort ein Fenster, eine Aussicht. Sie schwieg, also schwieg ich mit ihr; mir fehlte das Ticken einer Uhr.

Silvia sagte, sie wisse gar nicht, warum sie die Akte durchgesehen habe, sie kenne sie bereits, sie kenne Danny, kenne ihn seit *vielen, vielen* Jahren. Sie ging zum Bücherregal und kam mit einer Mappe zurück, die mit einem breiten Gummiband zusammengehalten wurde. Sie streifte das Band ab, ein Stapel Papier wurde sichtbar. Eigentlich habe sie mir Daniels Akte geben wollen, sagte sie. Sie habe sie gefunden, nachdem sie wieder zu Hause eingezogen war, um sich um die Ehefrau zu kümmern; mit Anfang achtzig sei bei Marlene Demenz diagnostiziert worden. Ihr Bruder Oskar hätte sie zu sich nehmen sollen, doch seine Frau habe sich dagegen gewehrt. Sie habe zwei Kinder zu versorgen, außerdem arbeite sie von neun bis fünf, mehr schaffe sie nicht, habe Margot erklärt. Silvia hingegen faulenze den ganzen Tag, habe keine Familie, da werde ihr etwas Gesellschaft guttun. Silvia schmunzelte –

ich bin Künstlerin, sagte sie, ich bin im Faulenzen geübt. Da ich damals in meinem Atelier lebte, sträubte ich mich nicht lange und kehrte an den Ort meiner Kindheit zurück. Vom ersten Tag an fühlte ich mich einer Melancholie ausgeliefert, einer Niedergeschlagenheit. Trotz oder gerade wegen meiner Verwurzelung in Österreich hat es mich stets fortgezogen, aus dem Vollen der Heimat ins Leere, ins Heimatvakuum. Auch Marlene war in Wahrheit heimatlos, nein, heimatfern, das Gefühl für, die Idee von Heimat war ihr fremd, das gab sie uns Kindern mit. Deshalb hätte ich nie gedacht, dass –

Silvia verstummte, drehte ihren Kopf zur Wand. Marlene sei keine sentimentale Person gewesen, fuhr sie leise fort, sie habe nichts aufgehoben, ständig habe sie ihre Wohnung entrümpelt, jeder Gegenstand sei auf seinen Nutzen hin geprüft worden, Erinnerungsstücke hätten sich keine bei ihr angesammelt. Am Tag nach Pauls Beerdigung habe sie seine Besitztümer entsorgt, seine Kleider und Schuhe, seine Pfeife, seine Brille, sogar seine Bücher. Oskar habe ihre Krankheit bemerkt, weil sie zu sammeln begonnen hatte, Wertvolles und Nutzloses … Die Diagnose sei ein großer Schock gewesen. Marlene habe sich geweigert, sie zu akzeptieren, und alles getan, um Silvia loszuwerden. Doch Silvia habe sich nicht getraut, die Patientin allein zu lassen. Um ihr die Illusion von Selbständigkeit vorzugaukeln, sei sie ihr möglichst aus dem Weg gegangen. Die meiste Zeit habe sie hier in der Bibliothek verbracht. So sei sie auf den Ordner mit den Akten gestoßen. Zuerst habe sie geglaubt, Marlene müsse ihn übersehen, vergessen haben, und sie habe den Drang verspürt, ihn zu verstecken, den vermeintlichen Fehler zu korrigieren, dann aber habe sie die Neugier gepackt, und sie habe begonnen, in ihm zu lesen. Zwischen den Aktenseiten hätten Fotografien gesteckt, manche seien mit Fotoecken fein säuberlich auf die Rückseite der Blätter geklebt worden. Eine Bilderserie habe besondere Neugier bei ihr erweckt, sie zeigte Säuglinge und Kleinkinder in einem Krankenhaus: Jedes sei in einem Gitterbett gesessen oder gelegen, dahinter die zahlreichen anderen Betten und die verschwommene Gestalt einer Nonne. Der Saal habe groß gewirkt, die Wände hoch; er sei lichtdurchflutet gewesen, undefiniert. Das fotografierte Kind habe direkt ins Auge der Kamera geblickt, die anderen Kinder, unscharf, aber nicht unsichtbar, seien im Hintergrund zu sehen gewesen. Von den meisten habe es bloß eine Aufnahme gegeben, von Daniel aber mehrere; seinen Namen kenne sie aus dem Bericht –

ich schreckte davor zurück, Marlene auf die Bilder anzusprechen, sagte Silvia, ich fürchtete mich vor einer Erklärung, doch schließlich überwand ich meine Angst. Marlene sagte bloß, sie habe es nicht über sich gebracht, die Bilder wegzuschmeißen, stattdessen habe sie versucht, ihnen ihren *rechtmäßigen* Platz zuzuweisen –

ein Wecker rasselte; ich hatte ihn nicht bemerkt, er war die ganze Zeit unter dem Tisch gestanden. Sie habe keine Armbanduhr, erklärte Silvia und errötete. Heute habe sie keine Zeit mehr, aber vielleicht hätte ich ja Lust, sie in ihrem Atelier zu besuchen? Dann könne sie mir die Fotos zeigen, sie habe sie mit in *ihr Reich* genommen –

wie auch Marlenes Arbeitstagebuch, ein Skizzenbuch.

Das Talent zum Faulenzen, sagte sie, habe ich von meiner Mutter.

Das Talent zum Faulenzen habe ich von meiner Mutter. Der Satz ließ mich nicht los, *habe ich von meiner Mutter, habe ich von meiner Mutter* echote es in meinem Kopf, bald verwandelte sich das Echo in die Frage: *Was* habe ich von Mutter? Was habe ich *von Mutter*?

Ich versuchte die Stimme zu ignorieren, es gelang mir nicht, sie drängte mich zu einer Antwort. Was hatte ich von meiner Mutter? Das Aussehen, das war offensichtlich, Joan war nicht die Einzige, die hauptsächlich Ha in mir sah und bloß Spuren von Dick. Aber was noch? *Was noch?*

Ich sah mich außerstande, diese Frage zu beantworten, denn ich konnte nicht sagen, wo Ha endete und ihre Kultur begann. Wo waren die Grenzen von Ha? Mutter hatte Barbara oft vorgeworfen, *das Kind* gegen sie aufzuhetzen, *Gehirnwäsche* zu betreiben. Es sei dermaßen von der Kultur der Großmutter und des Vaters durchdrungen, dass es kein Interesse mehr für ihre Kultur aufbringe. Franziska habe für die Mutter kein Verständnis, in den Augen der Tochter sei sie wertlos, da sie nicht wie Barbara sei. Doch wie könne sie in diesem *Wettbewerb der Kulturen* bestehen? Sie werde nie wie Barbara oder wie Dick sein, der Bewerb sei nicht fair. Großmutter antwortete nicht; ich erinnere mich, dass sie wortlos meine Hand nahm, sich an Ha vorbei ins Stiegenhaus zwängte und wir nebeneinander ins Erdgeschoß schritten. Auf der Straße begegneten wir Dick, und gemeinsam gingen wir abendessen, zum Chinesen, denn Barbara hatte Lust auf *die gebratenen Spaghetti.* An dem Abend erklärte sie, dass man Ha nichts vorwerfen dürfe, denn ihr Verhalten sei kulturell bedingt. Nicht nur übernahm ich diese Ansicht meiner Großmutter, ich setzte sie auch um, sezierte Ha, ihr Wesen, ihr Verhalten, ihre Gewohnheiten. Die solchermaßen zerlegte Mutter offenbarte mir nichts Neues, nur das, was ich ohnehin bereits zu wissen glaubte: dass Ha nicht hierhergehörte, nicht in diese Stadt, nicht in dieses Land, nicht in diese Wohnung. Sie war ohnehin die meiste Zeit nicht zu Hause, warum sollte sie uns nicht für immer verlassen? Sie musste in ihre Heimat zurückkehren und Vater, Barbara und mich in Ruhe lassen.

Ich beschloss, sie zu vertreiben. Ich kritisierte ihre Aussprache, verspottete ihren, wie ich nicht müde wurde zu betonen, *unbeholfenen* Akzent. Ich gab vor, sie nicht zu verstehen, zwang sie, jeden Satz mehrere Male zu wiederholen. Die wenigen Wörter in ihrer Sprache, die sie mir beigebracht hatte, weigerte ich mich auch nur in den Mund zu nehmen, ich erklärte, alles vergessen zu haben. Und ich beschuldigte Ha, keine *richtige* Erwachsene zu sein.

Ha war ausgesprochen zurückhaltend, zu schüchtern, um sich zu behaupten. Sie gehörte zu den Menschen, die Fürsprecher brauchen: Moderatoren, die andere zum Verstummen bringen, weil ihre Stimme zu schwach ist oder im entscheidenden Moment versagt; Mediatoren, die die Konflikte für sie lösen, weil sie in bestimmten Situationen weder zu denken noch zu handeln fähig sind; Regisseure, die ihnen sagen, was sie tun und lassen sollen; und Pädagogen, gegen die sie rebellieren, an denen sie ihren Frust auslassen können. Ha war auf uns, ihre Entourage angewiesen: Dick war ihr Moderator und Mediator, Barbara zugleich Regisseurin und Pädagogin, und ich war ihr kleines *Sprechrohr*. Selbst an der Wurstttheke brachte sie ihren Mund nicht auf, und ich musste für uns bestellen, aber ich durfte nicht einfach bestellen, was ich wollte, nein, ich musste auf ihre Einflüsterungen warten: *Zehn Deka Pariser. Wie? Zehn Bergsteiger. Und? Rosmarin-, nein, Farmerschinken.* Während Ha ihre Bestellung änderte, wuchs die Schlange hinter uns. Ihr war das egal, sie schwebte in einer Kapsel durch die Welt und wisperte vor sich hin. Die irritierten Blicke der Verkäuferin und der Wartenden ignorierte sie oder nahm sie im Gegensatz zu mir nicht wahr, ich hingegen musste mit beiden Beinen auf der Erde stehen, mir war der Zutritt zu Has Raumschiff verwehrt.

Zunehmend weigerte sich Ha, mit anderen Menschen als mit Vater, Barbara oder mir zu sprechen. Gegenüber Unbekannten blieb sie stumm, ihr Verhalten war im besten Fall freundlich abwartend, im schlimmsten Fall unhöflich abweisend. Nicht nur beteiligte sie sich nicht mehr am Gespräch, sie sabotierte es, indem sie alles, vor allem Fröhlichkeit und Freundlichkeit, einsaugte und peinliche Pausen und Schweigen ausspuckte. Bald luden wir niemanden mehr zu uns ein, Has Abwehr war ansteckend, sie isolierte nicht nur sich selbst, auch uns. Ich erinnere mich, dass ich neun Jahre alt war, als ich das letzte Mal Schulfreunde mit nach Hause nahm. Plötzlich tauchte Ha auf und begann, auf mich in ihrer Muttersprache einzureden, was mir und meinen Freunden peinlich war. An dem Tag holte ich Has alten Koffer aus dem Keller, stopfte ihn voll mit dem *koreanischen Zeug* und stellte ihn vor die Wohnungstür –

heute frage ich mich, ob Ha krank war, ob ihre Krankheit sie in die Einsamkeit zwang. Sie hatte Angst vor Menschen, vor ihrem Mann, selbst vor Barbara hatte sie Angst, immer wieder bat sie mich, an ihrer Stelle mit Großmutter zu sprechen. Manchmal frage ich mich auch, ob sie Angst vor mir hatte –

Ha schleppte den Koffer zurück in ihr Arbeitszimmer.

Ich hörte, wie sie die Zimmertür abschloss. Zum Abendessen kam sie nicht heraus, auch zum Frühstück erschien sie nicht. Dick ließ ihr Verhalten unkommentiert; er war von seiner Frau nichts anderes gewöhnt, sie mied uns, wann immer es ihr passte, verließ ihr Zimmer oft erst, wenn wir aus dem Haus waren. Am dritten Tag ihrer Abwesenheit fiel mir auf, dass Ha weder die Zahnbürste noch den Kamm oder das Badetuch verwendet hatte. An dem Abend klopfte Dick an ihre Zimmertür. Als sie nicht antwortete, rüttelte er am Türknauf und rief, sie solle sich nicht wie ein kleines Kind benehmen, ein solches Verhalten entbehre jeder Grundlage, Franziska habe es nicht so gemeint. Als sie noch immer nicht antwortete, versuchte er, die Tür zu öffnen, und musste feststellen, dass sie abgeschlossen war. Plötzlich wurde Dick nervös; er begann, in den Kästen und Schubladen zu wühlen. Endlich fand er den Zweitschlüssel.

Man hätte glauben können, jemand habe den Raum durchsucht, aber nicht gefunden, wonach er suchte: Kleider, Bücher, Schuhe, Haarspangen, Halstücher, Socken lagen verstreut auf dem Boden und auf dem Schreibtisch. Ihr alter Koffer war weg; sie muss ihn unter großem Zeitdruck gepackt haben, so erkläre ich mir das Chaos in ihrem Zimmer, in meiner Erinnerung ist es ein Schlachtfeld.

Ich weiß, dass ich für ihre plötzliche Abreise verantwortlich bin; ich hatte Ha nicht loswerden wollen, weil sie eine abwesende, widerwillige Mutter war. Das ist eine Ausrede, die mein wahres Motiv verschleiern soll. Die Ausnahme von der Regel zu sein, nein, *sowohl* die Ausnahme *als auch* die Regel zu sein, meistens beides innerhalb eines Satzes, ist seit jeher meine Conditio humana; wie das Irren durch ein Spiegellabyrinth befördert dies die Schizophrenie. Ich wollte Ha nicht in meiner Nähe haben, weil ich es nicht ertrug, ständig mit ihr verglichen, mit ihr gleichgesetzt zu werden – ich ertrug ihre Fremdheit nicht. Ich ertrug es nicht, zu beobachten, wie aus ihrer Fremdheit meine wurde.

Has plötzliche Abreise markierte den Tiefpunkt der Ehe meiner Eltern. In den folgenden Wochen rief Dick sie an (Ferngespräche, die, wie er betonte, ein Vermögen kosteten), um sie zu überreden, zurückzukommen. Sie weigerte sich ein ums andere Mal, schließlich gab Dick auf. Er sagte, sie habe ihr Bestes gegeben, schaffe es aber nicht, uns zu lieben.

Silvias Atelier lag im zwölften Bezirk am Gürtel, im Erdgeschoss eines Hauses aus der Gründerzeit. Die Nachbarwohnung hatte ein muslimischer Kulturverein gemietet, den ausschließlich Männer aufsuchten. Das Gebäude war noch nie renoviert worden, die Farbe blätterte von den Wänden im Treppenhaus ab, und durch die Kastenfenster drang ein stetes Lüftchen. Die straßenseitigen Fenster waren mit weißem Pergamentpapier abgedeckt, die Milchglastür war mit einem Stuhl verbarrikadiert. Silvia sagte, sie benutze sie nur, wenn sie schwere Materialien wie Marmor oder Granit ins Innere schaffen müsse.

Das Atelier war früher ein Friseursalon gewesen. Die hellgrünen Fliesen waren noch an den Wänden, ebenso vier große, kreisrunde Spiegel. Sie reflektierten das milchig weiße Licht, das durch das Fenster fiel, und ließen den Raum größer und heller erscheinen. Vom Plafond baumelte eine Kugel, die mit Stanniolpapierfetzen beklebt war, darunter stand ein Tisch aus grau lackiertem Stahl. Auf ihm waren unzählige Skulpturen aufgestellt: Türme, Gewächse, die wie Kakteen aussahen, und geschlechtslose Menschen aus weißem Porzellan. Sie waren in etwa einen Meter groß, ihre

Körper nicht viel breiter als mein Daumen. Dicht aneinandergedrängt füllten sie die gesamte Tischplatte; saß ich direkt davor, meinte ich, in einen *Forst* zu blicken.

Silvia hatte es geschafft, einen Klapptisch und zwei Klappstühle zwischen die Zimmertür und den Skulpturenwald zu zwängen. Der Tisch war hübsch gedeckt mit zwei Tassen aus chinesischem Porzellan, zwei Desserttellern und einer schmalen Vase mit einer gelben Gerbera. Der Apfelkuchen musste in der Küche bleiben, die Teekanne stellte sie unter einer Skulptur ab; aus der Tülle puffte Dampf, benetzte die Figur mit Wasser. Ob sie das gesehen habe, fragte ich besorgt. Keine Angst, sagte sie, das halte die Pagode schon aus. Eine Pagode?, fragte ich. Keine klassische, sagte sie, sondern die Anspielung auf eine … aber ist Kunst nicht immer *allusion*?

Sie hatte die Angewohnheit, ihre Sätze mit französischen Wörtern zu spicken; das war mir am Fürthweg nicht aufgefallen. Sie hatte zwanzig Jahre in Frankreich gelebt; kaum hatte sie die Akademie abgeschlossen, war sie auch schon nach Paris gezogen, danach in die Camargue, in ein Häuschen am Meer. Im Winter hatte sie mit Holz heizen müssen, dafür hatte sie stets den Geruch des Mittelmeers in der Nase gehabt. Zehn Jahre verbrachte sie in Einsamkeit, ohne Nachbarn, ohne Freunde, das Dorf besuchte sie nur, um Besorgungen zu machen. *Un ermite, c'est moi.* Der Auslöser für diesen Rückzug war eine Affäre mit einem verheirateten Mann in Paris gewesen. Die Beziehung fügte ihr solche Wunden zu, dass sie, als diese nicht heilen wollten, die Trennung erzwang. Doch der einfache Abschied reichte ihr nicht, sie suchte das Weite, versteckte sich an einem Ort, an dem, wie sie zu ihrem Entzücken feststellte, die Zeit machtlos war. *Impuissant.* Es gab nur Tag und Nacht, sagte

Silvia, Ebbe und Flut, und die Jahreszeiten. Sie habe von einer Jahreszeit zur nächsten gelebt und immerfort gezeichnet. Ja, sagte sie, damals habe sie gezeichnet, sie war in der Zeichnung *beheimatet*. Sie habe stets dasselbe Bild gezeichnet, mit kleinen, manchmal unbeabsichtigten Abwandlungen, *Versprechern*. Das Papier habe sie in Paris bestellt, bei einem Papierhändler, sie habe es in den Dorfladen schicken lassen und dort abgeholt, auf einem klapprigen Fahrrad, auf dem es sie selbst auf den flachen Straßen hin und her geschüttelt habe. Zurück in Wien habe sie es sich nicht mehr vorstellen können, das Leben nach der Uhrzeit auszurichten. Sie sei immer unpünktlich gewesen, zu spät oder zu früh, dazwischen habe sie sich nicht entspannen können, weil sie das Gefühl gehabt habe, sich auf den nächsten Termin, auch wenn es keinen gab, vorbereiten zu müssen. Dann sei bei Marlene Demenz diagnostiziert worden, und sie sei, sagte sie mit einem traurigen Lächeln, heimgekehrt.

Sie ging in den Nebenraum und kam mit einem Buch zurück. Sie schlug es auf und reichte es mir. Marlene hatte meistens mit Bleistift gezeichnet, selten mit Kohle oder Tinte. Die Fehlversuche hatte sie stehen lassen, sie weder verbessert noch wegradiert, stattdessen hatte sie einen neuen Versuch direkt neben dem alten begonnen. Ihre Striche wirkten schnell hingeworfen, aber geübt, souverän; ihr Fokus lag eindeutig auf dem Gesicht. Studien von Augen, Nasen und Mündern, Ganz- und Halbkörperporträts sowie Kinder in ihren Betten sitzend, neben den Betten stehend, am Fenster lehnend, eine Puppe haltend, mit einem Ball spielend –

Kinder, auf jeder Seite Kinder. Die erste Zeichnung von Danny war eine grobe Skizze betitelt mit *Daniel T.* Ich war enttäuscht, ich hatte mir mehr erwartet, was genau, hätte ich nicht sagen können. Ich sah auf, weil ich Silvias Blick auf mir spürte, vielleicht fühlte sie meine Enttäuschung. Sie sagte, ich könne ruhig das ganze Buch anschauen, das sei Marlenes Berufsleben gewesen, sie habe die Angewohnheit gehabt, alle ihr anvertrauten Fälle zu zeichnen. Sie habe schon als Kind viel gezeichnet, später, während des Studiums sei die Fotografie dazugekommen, das Zeichnen sei aber geblieben. Ihre eigenen Kinder habe sie nie gezeichnet und auch nicht fotografiert, das Fotografieren sei die Aufgabe des Ehemannes gewesen. Deswegen gebe es nur eine Handvoll Bilder mit ihm, die Ehefrau hingegen sei beinahe auf jedem Bild –

unser Familienalbum, sagte Silvia, erweckt den Anschein, Marlene wäre eine hingebungsvolle Mutter gewesen.

Marlene Winckler wurde 1919 in Hietzing geboren; sie war ein Einzelkind. Die Mutter, Marianne, starb, als Marlene ein Jahr alt war, der Vater hingegen, ein Allgemeinmediziner, wurde fast hundert Jahre alt. Nach dem frühen Tod seiner Frau blieb Friedrich, oder Fred, wie er von seinen Freunden genannt wurde, Witwer. Er hatte nie heiraten wollen, die Ehe mit Marianne war über Vermittlung und auf Drängen der Eltern zustande gekommen, und nach einem Sohn verlangte es ihn nicht; es gab keinen Grund für ihn, den Bund der Ehe erneut einzugehen. Marlene wurde sowohl das Kind, das er sich gewünscht hatte, als auch Verbündete, Komplizin und Sekretärin. Hätte Fred die Wahl gehabt, er wäre Entdecker geworden, oder Abenteurer – wäre er wasserfest gewesen. Aber zu seinem großen Bedauern wurde er selbst im Autobus seekrank, auf ein Schiff wagte er sich sein Leben lang nicht, nicht einmal auf ein Ausflugsschiff, um ein paar Stunden auf der Donau zu schaukeln. Dafür machte er seine Entdeckungen in Büchern, bibliophilen Ausgaben von alten Texten mit Illustrationen voll wundersamer Details, die von Otto, seinem Buchhändler, eigens für ihn ausgewählt wurden. Marlene nahm er mit auf seine Kopfreisen, sie reiste stets im Flugzeug, er stets in der Eisenbahn, trotzdem erreichten sie ihr Ziel gleichzeitig; Schiffe, Fähren und Boote mieden sie wie die Pest.

Da es unter den Frauen der Familie Winckler Krankenschwestern, Hebammen und Sozialarbeiterinnen gegeben hatte, drängte Fred seine Tochter dazu, einen dieser Berufe zu ergreifen; dass sie wie er Ärztin werden könnte, kam ihm nicht in den Sinn. Marlene war kein hilfsbereiter Mensch, schon als Kind hatte sie weder mit Freundlichkeit noch Warmherzigkeit geglänzt, in der Schule war sie durch einen unerschütterlichen Gleichmut aufgefallen, was ihre Lehrer als Bescheidenheit und Sanftmut ausgelegt hatten. Für die Idee des Vaters konnte sie sich daher nicht erwärmen, bis sie in der Wiener Zeitung einen Artikel über Ilse Arlt entdeckte. Der wissenschaftliche Anspruch der *Vereinigten Fachkurse für Volkspflege* imponierte ihr, die Verbindung von Theorie und Praxis, und nicht zuletzt das Credo der Gründerin: *Nun, wir drillen nicht, sondern wir führen jede Schülerin zu sich selbst und ihren ungeahnten inneren Möglichkeiten. Weiters aber durch ein einfaches Rezept: Man nehme nur schöpferische Menschen als Lehrer, enge sie nicht in ihrem Wirken ein und entschädige sie nicht oder so schlecht, daß man nur reine Idealisten bekommt!*

Im Herbst 1937 schrieb sich Marlene in der Arlt-Schule ein. Die Lehrveranstaltungen in Erziehungslehre, Gesundheitslehre Volkswirtschaftslehre und Bürgerkunde meisterte sie mit Bravour, bei den praktischen Übungen allerdings, im Näh- und Flickunterricht oder bei der Säuglingspflege und im Kochkurs, war sie darauf angewiesen, dass die Lehrenden ein Auge zudrückten (was sie taten, weil sie der Ansicht waren, Frau Wincklers Geduld sei außerordentlich). Für ihre Abschlussarbeit suchte sie sich das Thema »Armut und Nächstenliebe in der Literatur: *In der Heimat des Polarmenschen* von Knud Rasmussen« aus. Sie kam nicht mehr dazu, sie zu beenden, 1938 musste Ilse Arlt ihre Schule schließen.

Man habe Marlene nahegelegt, die Ausbildung an einer staatlich anerkannten Einrichtung abzuschließen, sagte Silvia. Auch Fred habe darauf gedrängt, er habe erklärt, nur mit einem Beruf könne sie wirklich unabhängig sein, für ein Dasein als Ehefrau und Mutter eigne sie sich nicht. Als Volkspflegerin habe sich Marlene aber nicht mehr gesehen, sondern als Wissenschaftlerin. Im Zuge der Recherchen für ihre Abschlussarbeit habe sie ihr Interesse an den *Menschenrassen* entdeckt.

Zu diesem Zeitpunkt hatte sich die Anthropologie längst von den Worten ab- und den Zahlen zugewandt.

Ein Beispiel:

$$\rho \times y = l - \frac{\sigma}{n} \cdot \frac{\Sigma(l_i - l'_i)^2}{n^2 - l}$$

Die *Ähnlichkeitsmethode* von Professor Czenakowski. Mit dieser Formel meinte man, die Herkunft eines Menschen im weiteren, die Vaterschaft im engeren Sinne errechnen zu können: *x und y bezeichnen die beiden verglichenen Individuen, n ist die Zahl der berücksichtigten Merkmale, l_i und l'_i sind die Ordnungszahlen der Abweichungen von den Mittelwerten der ganzen Gruppe für das Merkmal i der beiden Individuen,* so Wladimir Iwanowicz 1933. Um die Gleichung anwenden zu können, war es allerdings notwendig, die Worte in Zahlen zu übersetzen: Der Mensch musste unters Lineal. Am Anthropologischen Institut in Wien geschah dies nach Regeln, die Josef Weninger 1936 unter dem Namen *Wiener Schule der Anthropologie* etablierte. Dabei wurde das Individuum sowohl vermessen als auch bis ins kleinste Detail zeichnerisch und fotografisch festgehalten, oder, wie es im Fachjargon hieß, *zergliedert*. In den kommenden Jahren boten sich zahlreiche Gelegenheiten, *Menschenmaterial* zu sammeln. In der *Familienkundlichen Erhebungsstelle* in Wien wurden bereits Neugeborene vermessen, in Kärnten, Oberösterreich, Niederösterreich und der Steiermark Schulkinder und Erwachsene, außerdem unternahmen die Wiener Anthropologen Expeditionen ins rumänische Banat, wo Hunderte Individuen *zergliedert* wurden –

wie vermisst man einen Menschen? Wie verwandelt man ihn in Zahlen? Wo sind die Grenzen des Gesichts? Wo beginnt die Stirn, wo der Nasenrücken? Die menschlichen Formen verweigern sich dem Lineal, die Forschung beklagt *Ungenauigkeit, ungewollte Verkürzungen* und *Fehlerquellen*, neue Instrumente müssen her, zum Beispiel eines, mit dem man die Ohrhöhe bestimmen kann: *Das Parallelometer, wie ich dieses Instrument nennen möchte*, schreibt B. K. Schultz 1934, *besteht aus einem 30 cm langen, 1 cm hohen und 0,25 cm dicken Querstab mit mm-Einteilung an zwei an diesem verschiebbaren rechtwinkligen Armen, an denen ebenfalls eine mm-Teilung angebracht ist. An jedem Arm läßt sich, so wie bei dem Hilfsinstrument zum Gleitzirkel, ein Zeiger aus- und niederschieben und auf diese Weise dicht an den Meßpunkt heranbringen. Die senkrechten Arme können durch Klemmschrauben in jeder Lage festgemacht werden.* Oder ein Ansatzstück für das *Somatometer*, mit dem man die Armlänge messen kann. Das sei *unentbehrlich*, gebe es doch *Menschenrassen, die relativ lange Arme haben, und andere, die relativ kurzarmig sind,* meldet Sophie Erhardt 1932 aus dem Anthropologischen Institut München: *Das Ansatzstück besteht aus einem ungleicharmigen kurzen Querstab mit einseitig zulaufenden Spitzen und einem Führungskästchen mit Fenster. Man benützt das Bandmaß in umgekehrter Lage wie bei den Höhenmessungen, d. h. mit seinem Nullende nach oben gerichtet. An Stelle des Fußstückes wird das hier beschriebene Endstück auf das Bandmaß so aufgeschoben, daß die Teilung nach dem Fenster zu schaut und der Nullpunkt am Querstab anstößt. Zur Überprüfung dient der Ausschnitt (Fenster) im Kästchen. Der Teil des Querstabes mit der Wasserwage wird zweckmäßig abgenommen –*

wie vermisst man einen Menschen? Mit Anstand, Hingabe oder absoluter Genauigkeit? Mit unbedingtem Gehorsam der Zahl gegenüber? Wehe dem Zahlenfrevler, er verstößt gegen die Objektivität. Doch was erfährt man durch die Messung? Was entblößt sie? Die *Rassenseele?* Die menschliche Oberfläche sei mit der menschlichen Seele verbunden, nein, nicht bloß verbunden, verweise sogar auf sie, der Mensch trage – verkürzt man diese These – auf seiner Haut, in seiner Augenform, in der Dicke und Breite seiner Lippen, in der Formung seiner Nasenlöcher den Abdruck seiner Seele, oder, so Gustave Le Bon am Ende des neunzehnten Jahrhunderts: *Jede Rasse besitzt eine geistige Beschaffenheit, die genau so bestimmt ist wie ihre anatomische Beschaffenheit –*

wie vermisst man einen Menschen? Zur Feststellung der menschlichen *Schädelkapazität* empfiehlt Emil Breitinger Senfkörner statt Rübsamen: *Der in den Samenhandlungen erhältliche Senfsamen erster Güte hat gegenüber Rübsamen*

ein bedeutend größeres Korn; 100 Körner nebeneinander ge-
reiht ergeben eine durchschnittliche Länge von 217 mm gegen-
über nur 147 mm beim Rübsamen; der mittlere Durchmesser
der Senfkörner ist also um die Hälfte größer als bei Rübsamen.
Das macht sich als angenehmer Vorzug geltend beim Entleeren
des gefüllten Schädels, denn Senfkörner sind viel rascher voll-
ständig herauszuschütteln als Rübsamen. Bei den Messungen
sei darauf zu achten, fährt er fort, dass das *Stirnteil* des
Schädels *schräg abwärts* zeige, die Körner durch einen
Trichter eingegossen und der Schädel *zwischen den flach an-*
gelegten Händen gerüttelt werde: *Tempo: 4 Hin- und Herbe-*
wegungen in der Sekunde; Dauer: a) 15 Sekunden, Schädel an
Stirn und Hinterhaupt gefaßt; b) weitere 15 Sekunden, Schä-
del an den Längsseiten gefaßt. Nach längerem Gebrauch sind
die Senfkörner von beigemengtem Staub usw. durch Sieben zu
reinigen.
 Wie vermisst man einen Menschen?

1942 unternahmen Dora Maria Kahlich vom Wiener Anthropologischen Institut und Elfriede Fliethmann vom Institut für Deutsche Ostarbeit eine Expedition ins Ghetto
Tarnów, um dort internierte jüdische Familien anthropolo-
gisch zu untersuchen. Kahlich war 37 Jahre alt, Fliethmann
zehn Jahre jünger; Kahlich war am Höhepunkt ihrer wis-
senschaftlichen Karriere, Fliethmann, eine Absolventin
der Universität Wien, stand am Anfang.
 Kahlich, seit 1933 NSDAP-Mitglied, war bei Weningers
Expedition ins rumänische Banat dabei gewesen und hatte
miterlebt, wie effizient sein Stationen-System gewesen war:
An einem Tag hatte die Gruppe an die vierzig Personen an-
thropologisch erfasst. 1938 wurde Weninger wegen seiner
jüdischen Frau in den Ruhestand geschickt, seine Methode

aber blieb dem Institut erhalten. Gemeinsam mit Fliethmann, dem Fotografen Rudolf Dodenhoff, einer studenti-
schen Hilfskraft und einer Sekretärin schaffte es Kahlich,
in Tarnów täglich an die zehn Familien zu untersuchen.

In Rumänien hatte man auf Nacktfotografien des ganzen Körpers verzichtet, *Körperuntersuchungen nach so einem
erweiterten Programm*, hatte Weninger geschrieben, *könnte
man wohl nur bei unbekleidet lebenden Primitiven anstellen*,
in Polen ließen Kahlich und Fliethmann den 565 Männern,
Frauen und Kindern keine Wahl. Die Untersuchungen fan-
den in einer Schule statt. In der ersten Station wurde nach
dem Alter, dem Geburtsort, der Muttersprache, der schuli-
schen Bildung, dem Beruf, nach sportlichen Betätigungen
und überstandenen Krankheiten gefragt, außerdem erfasste
eine Ärztin den allgemeinen Gesundheitszustand der *Un-
tersuchungsobjekte*. In den weiteren Stationen geschah die
Zergliederung: Am Kopf wurden 18 Maße genommen, am
Körper 13, die Bestimmung der Augenfarbe erfolgte anhand
eines Blechkästchens, das zwanzig *naturgetreue* Glasaugen
enthielt, die Bestimmung der Haarfarbe wurde anhand eines Metallbügels mit 30 Naturhaarsträhnen vorgenommen.
Die Farbe der Barthaare wurde ebenso in die Untersuchung
aufgenommen wie die Irisstruktur, Fingerabdrücke und
Kopf- und Ohrumrisse. Zehn bis fünfzehn Minuten dauerte eine Untersuchung.

Nachdem die Forscherinnen ihr Projekt abgeschlossen
hatten, bemühten sie sich um ein Nachfolgeprojekt. *In Ga-
lizien kann ich auch keine Juden mehr untersuchen*, beklagte
sich Fliethmann wenige Wochen später brieflich bei Kahlich, *von den Tarnówern sind im Ganzen noch 8000 da, aber
von unseren fast niemand mehr. Unser Material hat schon
heute Seltenheitswert.*

Marlene begann ihr Anthropologie-Studium 1939. Vier Jahre später brach sie es ab. Als sie 1972 ihr Studium wiederaufnahm, war es weniger eine Fortsetzung, vielmehr ein vollständiger Neuanfang: Sie ließ sich keine Lehrveranstaltungen anrechnen, da sie, wie sie insistierte, weder Zeugnisse noch Unterlagen *aus dieser Zeit* besitze, es sei alles verbrannt. In ihrem Arbeitstagebuch aber stieß Silvia auf Zeichnungen. Darüber stand bloß ein Wort: Tarnów.

Was genau sie dort getan hatte, gab sie nie preis. Sicher war, dass sie Zeichnungen angefertigt hatte, Zeichnungen von Augen und Ohren, auch von Händen und Füßen, Marlenes Talent war ihren Professorinnen nicht entgangen. Sie stelle sich die Situation allerdings eigenartig vor, sagte Silvia, normalerweise herrsche eine Verbundenheit zwischen dem Modell und dem Maler, eine unausgesprochene Bereitschaft zur *Verschwörung.* Anfangs handle es sich lediglich um ein Absitzen, ein Warten, mit der Zeit aber, je länger der Blick des Malers auf dem Modell ruhe – auch wenn es kein Ruhen sei, eher ein Abtasten, Berühren –, desto stärker werde die Verbundenheit. Schließlich glaube man, den Verschwörer zu kennen, ihn schon immer gekannt zu haben. Ein Porträt, sagte Silvia, ist das Ergebnis einer Einfühlung im engeren, der *Liebe* im weiteren Sinne. Ist das auch so, fragte ich, wenn man bloß einen Teil eines Menschen zeichne, etwa seine Augen?

Silvia sah mich nachdenklich an. Ihr Blick klammerte sich an mein Gesicht, während sie flüsterte, nicht bewegen, und zum Schreibtisch ging, um sich Block und Bleistift zu holen. Sie beugte sich über die Tischplatte, konzentrierte sich auf mein rechtes Auge. Sie setzte die Spitze des Bleistifts auf das Blatt, brachte ein paar Striche zu Papier, ehe sie die Hand sinken ließ. Selbst wenn es nur um ein Auge gehe, sagte sie, so stehe dieses Auge doch in einem Zusammenhang, den man nicht ignorieren könne.

Sie nahm einen zweiten Anlauf, diesmal folgten ihre Worte den Bewegungen der Hand: vom Auge zur Augeneinbettung zur Augenbraue und zum Nasenrücken ... von dort zur Stirn, zum Haaransatz, zu den Haaren. Und in die andere Richtung vom Nasenrücken zur Nasenspitze, zur Oberlippe, zur Unterlippe und zum Kinn ... Währenddessen wandert mein Auge mit, und mit dem Auge, in dem Auge bist du, sie wiederholte, bist du, und zeigte mir den ersten Entwurf, den sie von mir angefertigt hatte, aber die Person, die mich aus den groben Strichen heraus anblickte, erkannte ich nicht –

wenn ich Vaters Aussehen geerbt hätte, wäre unser Verhältnis besser gewesen, inniger? Wären wir als *einfarbige* Familie intakt geblieben? Wären wir gar glücklich gewesen? Schon als Kind stellte ich mir diese Fragen, wann immer sich Ha und Dick stritten; wenn sie ihm vorwarf, in ihr ein *Entwicklungshilfeprojekt* zu sehen. Auch ich wurde zu einem seiner Projekte: Nach der Scheidung bemühte er sich, für mich da zu sein, er erkundigte sich vermehrt nach meinem Wohlbefinden und nahm mich auf seine Wanderungen und sogar auf seine Arbeitsreisen mit. Als Ha davon erfuhr, erklärte sie, genauso für mich da zu sein, ich müsse nur in ein Flugzeug steigen. Nur Barbara war tatsächlich da, bis zu ihrem Tod.

Nach dem Ende des Bosnienkriegs wurde Dick als Chefpathologe nach Sarajevo gerufen und ich in sein Arbeitszimmer. Er räusperte sich (geräuschvoll und ausdauernd); er sei der Ansicht, sagte er, dass ich bei meiner Mutter leben sollte. Es sei kindisch von mir, diesen Teil meiner Identität abzulehnen. Nun, da ich die Schule *abgesessen* hätte, könnte ich die nächsten ein, zwei Jahre im Ausland verbringen und dieses *Manko* ausgleichen. Ich sagte, dass ich das nicht wolle. Er sagte, ich solle etwas Zeit im Land meiner Ahnen verbringen, die österreichischen kenne ich ja zur Genüge, nun seien die anderen dran. Ich fragte, ob er sich im Klaren sei, dass er sich gerade genauso benehme wie die Mehrheit der Menschen, der ich vollkommen fremd sei? Er blinzelte mich ratlos an, zückte dann die Kreditkarte. Er werde alles bezahlen, ich müsse weder arbeiten noch mit einer Abstellkammer vorliebnehmen, ich könne in Seoul auf die Uni gehen, die Sprache studieren, die Bräuche, die Kultur oder die Religion. Ich wiederholte, dass ich das nicht wolle. Er sagte (sichtlich genervt): Kind, sieh in den Spiegel. Was siehst du eigentlich, wenn du in den Spiegel schaust?

Silvia sagte, sie sei fast fertig, sie liege *in den letzten Zügen*, von Zeit zu Zeit sah sie mir ins Gesicht. Ich ertappte mich dabei, dass ich ihre Blicke erwiderte. In ihnen lag ein Zuspruch, ein Trost, den ich in dieser Form, in dieser Intensität nicht erwartet hatte: Ich fühlte mich sicher, aufgehoben, angenommen, auf eine Art und Weise verstanden, die sich nicht in Sprache fassen lässt ... Umso tiefer war die Enttäuschung, der *Fall*, als sie mir ihre Zeichnung zeigte: Aus den groben Strichen waren feine geworden, zu den feinen waren feinste dazugekommen, aber das Gesicht, das mich anblickte, war nicht meines, sondern das meiner Mutter –

es sei ein besonderes Sehen, sagte Silvia, das Sehen des Künstlers, es sei ein Sehen und zugleich ein Denken, Sehen und Denken müssten verschmelzen, ehe man zu zeichnen beginne. Einen Menschen könne man nur abbilden, wenn man ihn vorher in der eigenen Einbildung erschaffe –

was sehe ich eigentlich, wenn ich in den Spiegel sehe?

Die neutrale Sicht auf den Menschen, sagte Silvia, gibt es nicht.

Vor uns türmte sich ein Stapel Bücher und Akten. Ich blickte Silvia darüber hinweg an, sie fasste dies als Aufforderung auf, eine neue Kanne Tee aufzubrühen; ich versuchte sie davon abzuhalten, sie hörte mich nicht.

Auch in der Küche war es kalt; Altbaumauern halten die Temperatur konstant bei achtzehn Grad. Silvias Küche war auch ihr Badezimmer, die Duschkabine stand neben dem Herd, sie hatte ebenso wie das Waschbecken nicht in den Raum mit der Toilette gepasst. Das Licht der Glühbirne, die über uns baumelte, war fahl. Silvia war blass, übernächtigt. Sie sagte, von Marlene habe sie keine Erklärungen erhalten, sie habe sich alle Antworten selbst zusammensuchen müssen. In dem Jahr vor ihrem Tod sei die Ehefrau nur selten bei klarem Verstand gewesen, sie sei in einem Pflegeheim gestorben.

Wir blieben in der Küche. Das Dämmerlicht passte zu unserer Erschöpfung, trotzdem wollte ich noch nicht gehen, irgendetwas hielt mich in Silvias eigenartigem Atelier, das im Grunde ein Archiv war. Bis auf den Platz unter ihrem Hochbett, wo sie zeichnete, das Bildhauen habe sie bis auf weiteres aufgegeben, war die gesamte Wohnung ein Lagerraum für ihre unverkauften Werke oder, wie Silvia sagte, *l'art invisible*. Sie umschloss die Teetasse mit beiden Händen, und ich bildete mir ein, den Dampf zu sehen, eine klar umrissene Wolke, eine Wolke wie aus einem Bilderbuch. Während ich mich gegen die Müdigkeit wehrte, fragte ich mich, ob sie noch immer ein Eremit war; ob sie jemals mehr sein konnte als ein Eremit. Es fiel mir schwer, sie mir ohne die *solitude* vorzustellen, in der sie steckte wie in einer Rüstung –

ich bedankte mich für ihre Zeit und Mühe und machte Anstalten, aufzustehen. Sie nickte zustimmend, dann sagte sie, nach dem Krieg habe Marlene ihre Ausbildung als Sozialarbeiterin doch noch abgeschlossen. Über ihr Leben in der Nachkriegszeit in Wien sei ihr nichts bekannt, außer, dass die Ehefrau den Ehemann kennenlernte: Im Rahmen ihrer Ausbildung habe Marlene eine ältere, kinderlose Witwe betreut. Auf einem Auge sei Frau Steiner fast blind gewesen, auf dem anderen habe sie alles verschwommen gesehen, so habe Marlene sie oft ins Krankenhaus begleitet. Paul sei Augenarzt im Krankenhaus Lainz gewesen, als Assistenzarzt habe er immerzu Dienst gehabt. Es habe wohl harmlos begonnen, mit einer Tasse Kaffee am Wochenende, daraus sei ein Spaziergang geworden, ein Kinobesuch, und schließlich habe er Marlene gestanden, dass er verheiratet sei.

Silvia sagte, Marlene hatte nie geplant, zu heiraten. Sie sei wie ihr Vater der Meinung gewesen, dass sie sich nicht für das Eheleben eigne. Die Begegnung mit Paul habe diese Einstellung geändert, nun habe es sie geradezu in den Hafen der Ehe gedrängt. Pauls Beziehung habe sich in einem desolaten Zustand befunden, seine Frau hatte eine Fehlgeburt erlitten, die zu einer Entfremdung zwischen den Eheleuten geführt hatte. Marlene habe ihn immer wieder gebeten, sich scheiden zu lassen, doch er habe immer wieder erklärt, dazu nicht bereit zu sein. Die Trennungen, die Marlene daraufhin einleitete, seien nie von Dauer gewesen. Wozu sich trennen, habe Paul schließlich gesagt, wenn sie sich ohnehin nicht daran halten?

Silvia lächelte. Sie könne sich Marlene als junge Liebende nicht vorstellen, sagte sie, nachgiebig und unsicher. Selbst als alte Frau, selbst mit achtzig Jahren, sei ihr Wille, etwas zu tun, etwas zu schaffen, ungebrochen gewesen. Nur vergesslicher sei sie gewesen, alles habe sie verlegt, so manches habe sie verloren; einmal habe sie sich über ihre Vergesslichkeit beklagt und gesagt, ohne einen funktionierenden Geist sei sie so gut wie tot.

Silvia kauerte sich auf den Steinboden und schob mir ein Kissen zu, der Boden war kälter, als mir lieb war. Zu Silvester 1950, sagte sie, habe sich die ganze Familie Winckler versammelt, um das neue Jahr einzuläuten, das alte Jahr habe sie, wie die Jahre zuvor, wundersam unberührt gelassen. Marlene sei neben einer Cousine zu sitzen gekommen, deren Name ihr entfallen sei, doch er sei ohnehin irrelevant, überhaupt spiele die Cousine keine weitere Rolle in dieser Geschichte, und sie erwähne sie nur, weil sie Marlene auf die Idee brachte, nach Amerika auszuwandern. Marlene habe unverzüglich den Vater eingeschaltet, der dem Bruder in Wisconsin den Besuch der Nichte angekündigt habe. Die Beziehung mit Paul habe sie kurz vor der Abreise beendet, sie habe ihm nicht einmal gesagt, dass sie Wien verlassen werde. Vielleicht habe sie sich für seine Weigerung, sich scheiden zu lassen, rächen wollen, vielleicht habe sie auch einfach genug von ihm gehabt.

Silvia grinste. Paul habe zeit seines Lebens über ihr plötzliches Verschwinden gescherzt, der böse Unterton sei aber niemandem entgangen. Sie räusperte sich. Was in Green Bay geschehen sei, sei mir ja hinlänglich bekannt: Marlene sei als *case worker* beim Sozialdienst der Erzdiözese Green Bay eingestellt worden. Wahrscheinlich habe man geglaubt, dass ihr ihre Herkunft bei der Arbeit einen Vorteil verschaffen würde: Sie habe hauptsächlich junge Frauen mit österreichischen und deutschen Wurzeln betreut, die ihre Kinder gleich nach der Geburt abgegeben hätten. Marlene habe sich darüber nicht geäußert, nur einmal habe sie beiläufig erwähnt, der Schmerz in den Gesichtern der Frauen sei eine Bestätigung dafür gewesen, dass die Entscheidung, Wien zu verlassen, richtig gewesen war –

Daniel Truttman wird geboren, der Fall gerät immer mehr außer Kontrolle, als Marlene entdeckt, dass die Mutter des Kindes nicht die Wahrheit sagt. Den leiblichen Vater zu finden, seine Identität aufzudecken, vor allem seine ethnische Identität, lässt ihr keine Ruhe: Dass man sie nicht früher gefeuert habe, verstehe sie nicht, sagte Silvia, beim Lesen des Berichts habe sie sich gewundert, wie lange man Marlene habe schalten und walten lassen, erst nach Carols Suizidversuch habe die Leiterin eingegriffen. Ob Marlene sich ungerecht behandelt fühlte? Silvia schüttelte langsam den Kopf. Das wisse sie nicht, auch darüber habe sie nie mit der Ehefrau gesprochen. Aber, sagte sie, wie hätten sie auch darüber sprechen können, sie hätten einander mehr als zwanzig Jahre lang nicht gesehen. Mit neunzehn sei sie von zu Hause ausgezogen und während des Studiums bloß sporadisch heimgekehrt, dann sei sie nach Frankreich ausgewandert und erst wieder nach Hause gekommen, als das Ersparte aufgebraucht war –

sie klingelt, es summt, sie öffnet die Gartentür und nähert sich langsam dem Haus. Sie ist nervös, sie weiß nicht recht, was sie von ihrem Besuch erwartet, und doch war es das Erste, was sie nach ihrer Ankunft in Wien tat: Sie rief Marlene an und sagte, *ich bin's, ich bin wieder da*. Marlene steht in der geöffneten Haustür im Zwielicht. Sie erkennt das Gesicht der Mutter nur schlecht, eine halbblinde Zeichnerin, eine Künstlerin mit kaputten Augen, sie weiß nicht, ob das, was sie zeichnet, auch dem entspricht, was sie zu zeichnen beabsichtigt; eigentlich ist sie eine Übersetzerin, sie übersetzt das, was sie in ihrer Vorstellung sieht, in die Bewegung ihrer Arme, Hände und Finger –

mit einem Mal verstand ich, weshalb sich Silvias Blick so eigentümlich angefühlt hatte –

ich müsste dich berühren, sagte sie, ich müsste dich angreifen, wollte ich dich zeichnen.

Marlene stand in der Haustür, die Tochter hatte sie größer in Erinnerung, sie schien geschrumpft, zarter und weicher. Alt war sie geworden, die Haare ergraut, größtenteils weiß, schütter, die Haut durchzogen von feinen Falten, die sich wie ein Spinnennetz über ihr Gesicht legten; sie hatte die Arme nicht ausgebreitet, sie wäre nie auf die Idee gekommen, das zu tun, aber sie hatte einen Arm gehoben, um zu winken. Es rührte die Tochter, dass die Mutter winkte; es schien ihr, als versuchte sie, ihr Kind dazu zu bringen, den Vorgarten rascher zu durchschreiten. Als sie vor ihr stand, wusste sie nicht, was sie tun sollte, sollte sie die Mutter umarmen? Sollte sie ihr einen Kuss auf die Wange geben? Sie blieb unentschlossen vor ihr stehen, hilflos, und in ihrer Hilflosigkeit war sie das Ebenbild der Mutter.

Ich erkenne dich noch, sagte die Mutter, sich an einem Scherz versuchend. Ich dich auch, sagte die Tochter, verunsichert wegen des Scherzes. Vielleicht sagte die Mutter auch, dein Koffer ist klein, hast du nicht vor, zu bleiben? Worauf die Tochter antwortete, ich werde mir die Sachen von zu Hause holen, wenn ich sie brauche, keine Sorge. Danach verstummten sie. Über die Jahre hatten sie verlernt, miteinander zu sprechen, sie hatten vergessen, Mutter und Tochter zu sein, wahrscheinlich hatten sie es nie gelernt, sich nicht die Mühe gemacht, es zu lernen. Ich sehe sie vor mir, sagte Silvia, diese zwei traurigen Gestalten, und ich möchte ihnen einen Schubs geben. Ich warte auf einen Gefühlsausbruch, auf die *Erlösung*, doch dazu kam es nicht. Wir blieben in unseren Käfigen, sie in ihrem, ich in meinem. Ich ahnte, dass die Zeit knapp wurde, ich wusste, dass ich mich beeilen musste, *besser heute als morgen*, ich wusste es und konnte doch nichts tun; ich drehte mich im Kreis, während ich es bedauerte, mich im Kreis zu drehen. Ich redete mir zu, *mach es besser, mach es anders*, und doch drehte ich mich weiter, als führte ich mich selbst an der Leine. So vergingen Tage, aus den Tagen wurden Wochen und Monate, Wochen und Monate des Scheiterns.

Schließlich hielt es Marlene nicht mehr aus, sie wolle nicht länger bemuttert werden, sie brauche keine Gouvernante, einen Babysitter schon gar nicht, dagegen verwahre sie sich. Sie erklärte, ich müsse mich selbst beschäftigen, wenn möglich leise, und schob ihre Zimmertür zu. Am nächsten Tag schien sie es zu bereuen, nicht freundlicher gewesen zu sein, und bat mich, ihr beim Durchsehen ihrer Sachen behilflich zu sein. Sie sagte, sie wolle uns, Oskar und mir, keinen Berg Arbeit hinterlassen. Ich solle das Wohnzimmerregal in Angriff nehmen und die Aktenordner durchsehen, sie werde sich in der Zwischenzeit ihr Arbeitszimmer vornehmen.

So sei sie auf das Arbeitstagebuch gestoßen, sagte Silvia, sie habe vorher gelogen, es sei kein Zufall gewesen, Marlene habe es ihr *gezeigt*. Eines ihrer letzten Gespräche hätten sie über Danny geführt. Sie habe seine Akte gefunden, gelesen und Marlene zur Rede gestellt. Sie habe ihr alles vorgeworfen, was sie ihr jemals hatte vorwerfen wollen, und ihre Mutter habe es stumm über sich ergehen lassen, sich weder gewehrt noch gerechtfertigt. Schließlich sei Silvia verstummt, und Marlene habe gesagt, es gebe viel, wofür sie sich schäme. Sich nun selbst zu verlieren, sei eine Gnade, eine Gnade Gottes –

lasse auch du mir die Gnade zuteilwerden, sagte sie, und behalte mich nicht in Erinnerung.

Aus der Akte des Sozialdienstes der
Erzdiözese Green Bay

08. 03. 1954

Telefonat m. Mrs. Pauly: Mrs. Pauly wurde mitgeteilt,
dass unsere Untersuchungen abgeschlossen sind.
Die Identität des Kindsvaters konnte nicht festgestellt
werden. Mrs. Pauly könne den Knaben jederzeit zu sich
nehmen, sollte der Wunsch noch bestehen.
Mrs. Pauly reagierte überrascht, aber erfreut. Die
Übergabe des Kindes wurde für Samstag, den 13. März,
um 10 Uhr vereinbart.

12. 03. 1954

Termin/Waisenhaus St. Mary, Bericht von Schwester
Bernadette: Daniel Truttman wird morgen aus unserer
Obhut entlassen. Er ist 9 Monate alt. Sein Gewicht
beträgt rund 10 kg. Er wurde gegen Tetanus, Diphtherie
und Keuchhusten am 5. Oktober 1953, 6. November 1953 und
11. Dezember 1953 geimpft. Während seines Aufenthaltes
im Krankenhaus und im Waisenhaus war er nie krank, von
leichten Erkältungen abgesehen. Zum Zeitpunkt der Entlassung hat er noch keinen Schritt getan.
Daniel ist beim Essen nicht wählerisch. Er probiert
alles. Am liebsten mag er Toastbrot und Butterkekse. Er
bekam täglich ein Glas Orangensaft und 10 Tropfen
Vi-Penta. Er ist ein gut entwickeltes, kräftiges und
gesundes Kind.

15.03.1954

Brief an Miss Truttman: Sie wurde davon in Kenntnis gesetzt, dass eine Pflegefamilie für Daniel gefunden wurde.

16.03.1954

Hausbesuch/Familie Pauly, 9 Uhr: Miss Murphy stattete der Pflegefamilie Pauly einen kurzen Besuch ab, um nach Daniel zu sehen. Das Kind scheint sich gut eingelebt zu haben, es wirkte zufrieden. Es hat ein eigenes kleines Zimmer. Das Gitterbett, in dem bereits die Pauly-Kinder geschlafen haben, war aus dem Speicher geholt und gesäubert worden. Ein selbst gewebter Teppich liegt auf dem Holzboden. Mr. Pauly hat ein Auto geschnitzt, Mrs. Pauly einen Hasen mit Knopfaugen für Daniel genäht.

Das Haus der Familie Pauly ist geräumig und sauber. Im Garten gibt es laut Mrs. Pauly ein Kartoffel- und ein Bohnenbeet. Sie hofft auf warmes Wetter. Sie möchte mit Daniel gemeinsam ein Kräuterbeet anlegen.

(MM/BY)

06.08.1954

Auf Miss Murphys Bitte hin stattete Miss Mortimer, die Gemeindeschwester, der Familie Pauly einen Besuch ab. Nach ihrer Rückkehr berichtete sie, dass Daniel guter Dinge sei, glücklich und gesund aussehe.

Mrs. Pauly habe um neue Windeln und Herbstkleidung gebeten.

Miss Murphy gab eine Bestellung über zwei Dutzend Windeln, eine warme Herbstjacke, zwei Paar Hosen, zwei

Hemden, zwei Wollpullover, vier Paar Wollsocken und ein Paar wasserdichter Schuhe (wenn möglich knöchelhoch) auf. Außerdem wurde veranlasst, dass im Spielzeugdepot für Daniel ein Steckenpferd, ein Plüschtier (Hund oder Hase) und ein Holzpuzzle (Fahrzeug, am besten Feuerwehrauto) beiseitegelegt werden. Miss Mortimer wird die bestellten Kleider und Spielsachen den Paulys am Samstag, den 21. August 1954, vorbeibringen.

(MM/BY)

30. 11. 1954

Termin (unangekündigt), Mrs. Pauly: Heute Nachmittag war Mrs. Pauly mit Daniel, den sie ausschließlich „Danny" nennt, im Büro. Da die älteste Pauly-Tochter bald heiraten wird, bat sie um einen dunklen Anzug sowie um Winterkleidung und Schuhe für Danny. Miss Murphy füllte in ihrem Beisein den Bestellschein für ein Paar Winterstiefel, einen schwarzen oder dunkelblauen Anzug, ein weißes Hemd, eine Kinderfliege, drei warme Hemden, zwei dicke Pullover, zwei dicke Hosen und einen Schianzug aus.

(MM/BY)

03. 01. 1955

Daniel Truttman wird ab sofort unter die Aufsicht von Miss A. Clark gestellt.

(MM/BY)

19. 01. 1955

Hausbesuch/Familie Pauly, 10 Uhr: Ich stattete Familie
Pauly einen Besuch ab, um die neue Pflegeheimlizenz
sowie die bestellten Kleidungsstücke vorbeizubringen
und mich persönlich vorzustellen.
Daniel ist ein hübsches, gesundes und lebhaftes Kind.
Er zeigt definitiv negride Merkmale. Sein Haar ist
dunkelbraun und gelockt, seine Haut dunkel, aber
Mrs. Pauly meinte, dass sie heller geworden sei und sich
wahrscheinlich noch aufhellen werde. Seine Gesichtszüge sind ebenfalls (leicht) negrid, seine Lippen sind
fleischig, und die Nase ist breit.
Mr. Pauly ist schweigsam, aber sehr herzlich und gast-
freundlich auf seine Art. Mrs. Pauly ist eine ruhige,
warmherzige Frau, die offensichtlich viel Zuneigung für
ihr Pflegekind empfindet. Während unseres Gesprächs
kuschelte sich Daniel an seine Pflegemutter.
Das Heim der Familie Pauly wirkt ordentlich und
gepflegt. Mrs. Pauly näht selbst: Der blau-grüne Quilt
im Wohnzimmer stammt von ihr, genauso wie der kleine
Quilt in Daniels Zimmer.
Das Ehepaar Pauly äußerte seine Besorgnis um die
Zukunft des Kindes. Sie sind ihm sehr zugeneigt und
würden es sehr bedauern, wenn Danny sie verlassen
müsste. Ich erklärte ihnen, dass wir noch nicht imstande
waren, Adoptiveltern für ihn zu finden. Mrs. Pauly
sagte, sie hätten darüber nachgedacht, ihn selbst zu
adoptieren, denn dann könnte Danny im Kindergarten
ihren Familiennamen tragen. Aber wenn sie ihn adop-
tierten, würden sie die staatliche Unterstützung
von 35 Dollar pro Monat verlieren. Sie glauben nicht,
dass sie sich das leisten können.

28. 03. 1955

Telefonat m. Mrs. Pauly: Mrs. Pauly bestellte Frühlings-
und Sommerkleidung für Daniel. Ein paar Herbstsachen
könne er wieder anziehen, etwa die Hosen, sie habe sie
etwas weiter gemacht und an den Beinen verlängert,
andere habe sie zu kurzen Hosen umgearbeitet, aber bei
den Hemden und Pullovern könne sie nichts tun. Ich
gab eine Bestellung über drei Hemden, drei Pullover,
eine kurze Hose, eine lange Hose, vier Kurzarm-
hemden und vier Paar Socken auf. Mrs. Pauly wird die
Sachen in einer Woche abholen.

13. 04. 1955

Hausbesuch/Familie Pauly, 10 Uhr: Daniel geht es bei
den Paulys offenkundig sehr gut. Er entwickelt sich
prächtig, ist seit dem letzten Besuch ein gutes Stück
gewachsen. Er sieht kräftiger, stämmiger aus. Laut
Mrs. Pauly bewegt er sich ununterbrochen, unternimmt
ständig Versuche, Stühle, Sessel und Stufen zu
erklimmen, nichts ist vor ihm sicher. Wenn er nicht
gerade auf einem Möbelstück sitzt, möchte er es
umstoßen. Da er für sein Alter groß ist, erreicht er die
Türklinken. Bald wird er Türen öffnen können.
Trotz all der Aufmerksamkeit, die er bekommt, wirkt
Daniel nicht verwöhnt. Er scheint ein gehorsamer Knabe
zu sein.
Er zeigte mir die hölzerne Lokomotive, die ihm Mr. Pauly
geschnitzt hat.

27. 09. 1955

Telefonat m. Mrs. Pauly: Mrs. Pauly bestellte Winter-
sachen für Daniel. Er brauche, bis auf die Pullover, die
sie ihm selbst gestrickt habe, eine komplett neue
Garderobe, da ihm alle Kleider aus dem Vorjahr nicht
mehr passen. Ich gab eine Bestellung über drei
warme Hemden, drei lange Hosen, eine Winterjacke und
vier Paar Wollsocken auf.

20. 10. 1955

Hausbesuch/Familie Pauly, 15 Uhr: Obwohl Daniel ein
kleiner Wirbelwind ist und die Möbel darunter zu leiden
haben, scheint sich Mrs. Pauly an seinem Verhalten
nicht zu stören. Er führte mir seine neue Winterjacke
vor, drehte sich (mehr schlecht als recht) um die
eigene Achse. Sie gefällt ihm offenkundig sehr.
Daniel kennt bereits etliche Wörter. Er weiß beispiels-
weise, was „Mond", „Freund", „Auto" und „weinen"
bedeutet. Er setzte sich zu mir auf die Couch und sagte
immer wieder, auf das Fenster deutend, „weinen". Es
regnete, und die Glasscheibe war nass.
Laut Mrs. Pauly wünscht er sich von Santa Claus eine
Hupe. Sie fragte, ob der Sozialdienst für Weihnachten
ein paar neue Spielsachen zur Verfügung stellen
könnte. Das alte Dreirad, das Daniel bisher benutzte,
sei kaputt und lasse sich nicht mehr reparieren.
Ich sagte, dass wir sicher ein paar passende Spielsachen
für ihn finden werden, auch ein neues Dreirad.
Mrs. Pauly hat nun damit begonnen, Daniel die Windeln
abzugewöhnen.

23. 01. 1956

Hausbesuch/Familie Pauly, 14 Uhr: Daniel hatte eine leichte Erkältung, was ihm jedoch nicht besonders zusetzte. Er ist ein aktives und glückliches Kind. Er ist ständig am Lachen und Kichern. Ganz besonders gerne wird er am Bauch gekitzelt. Trotz all der Aufmerksamkeit, die er von Mrs. Pauly bekommt, ist er fähig, sich allein zu beschäftigen. Auch möchte er sich um seine Pflegemutter laut Mrs. Pauly „kümmern", er „füttert" sie während ihrer Mahlzeiten und tröstet sie, wenn sie sich verletzt hat.

Danny zeigte mir das Tierbuch, das er von Santa Claus bekommen hat, und zählte alle Tiernamen auf. Hunde, Katzen und Enten mag er am liebsten. Mrs. Pauly erklärte, dass Danny auch sehr viel Zeit bei seiner Pflegeschwester Sarah verbringt, die in der Wohnung im ersten Stock wohnt. Er ist immer dann dort, wenn sie bäckt, denn er ist ihr Bäckergehilfe und Vortester.

Ich gab eine neue Kleiderbestellung auf, da ihm die meisten Kleider nicht mehr passen (drei Paar Hosen, drei Hemden, ein Paar Herbst- und Frühlingsschuhe, vier Paar Socken).

21. 06. 1956

Hausbesuch/Familie Pauly, 14 Uhr: Danny geht es bei den Paulys nach wie vor sehr gut – er wächst viel, hat einen großen Appetit und ist in jeder Hinsicht gesund. Was die nötigen Impfungen angeht, ist er auf dem aktuellen Stand. Er ist in alle Familienaktivitäten eingebunden – die Paulys engagieren sich stark im Pfarrgemeinderat der Pfarre St. Norbert – und wird von allen Freunden und Bekannten vorbehaltlos akzeptiert. Er ist ein wirklich süßer, wenngleich temperamentvoller kleiner Raufbold. Er führte mir vor, wie gut und schnell er nun auf dem Dreirad fahren kann, dabei fuhr er wiederholt gegen die Wand, was hässliche Abdrücke hinterließ.

Probleme mit ihm gab es bisher keine, nur einmal bekam er laut Mrs. Pauly Zündhölzer in die Hände und setzte damit sogleich die Vorhänge im Badezimmer in Brand. Da das Feuer sofort entdeckt wurde, gab es keine Schäden. Das Kind erschrak jedoch heftig und bereute seine Tat aufrichtig. Mrs. Pauly glaubt, dass Danny aus dieser Erfahrung gelernt hat. Sie und ihr Mann waren nicht verärgert, denn sie wissen, dass kleine Jungen nun einmal nicht anders können, als unartig zu sein.

Ich gab eine Kleiderbestellung für Danny auf: 3 Paar kurze Hosen, 3 kurzärmelige Hemden, 3 Paar Socken und ein paar Tennisschuhe.

14. 12. 1956

Hausbesuch/Familie Pauly, 15 Uhr: Danny ist fast 3½ Jahre alt, ständig in Bewegung und eine kleine Plaudertasche. Er zeigt definitiv negride Merkmale. Seine Haare sind nun fast schwarz und gelockt, und seine Haut ist braun. Seine Gesichtszüge sind ebenfalls negrid. Mrs. Pauly erklärte, dass Danny die Unterschiede zwischen schwarzer und weißer Hautfarbe kenne und mehr als einmal geäußert habe, dass er gerne eine kleine Schwester mit dunkler Haut und lockigen Haaren hätte. Sie habe sogar schon darüber nachgedacht, ob sie ein zweites Kind aufnehmen könnten; wenn ja, dann würde sie ein kleines farbiges Mädchen bevorzugen.

Im Großen und Ganzen werde Danny von allen akzeptiert. Im Kindergarten habe er schon viele Freunde. Nur ein Kind in seiner Gruppe habe sich einmal geweigert, mit ihm zu spielen. Mrs. Pauly sagte, dieser Vorfall habe sie sehr traurig gemacht. Sie nehme Danny überallhin mit und behandle ihn wie ihren eigenen Sohn. Und er sei ein so süßer Junge! Er habe ein weiches, gutes Herz – er wolle Priester werden, wenn er groß sei. Sie und ihr Mann würden ihn liebend gerne behalten, bis er 21 Jahre alt ist.

Sie sagte, es verletze sie tief, wenn er abgelehnt werde. Sie sei sich darüber im Klaren, dass sich solche Vorfälle mit der Zeit häufen werden. Sie fragte, ob wir von einer Familie wüssten, die ein farbiges Kind adoptiert hätte. Sie würde sich gerne mit ihr austauschen.

Eine Kleiderbestellung wurde aufgegeben: ein Pyjama, 4 Paar Unterhosen, 3 Paar Hosen, eine Jacke, ein Schianzug, ein Paar Fäustlinge, 3 warme Hemden und ein Paar Winterstiefel.

11. 06. 1957.

<u>Hausbesuch/Familie Pauly, 16 Uhr</u>: Nur Mrs. Pauly und Danny waren zu Hause. Danny war so in sein Spiel vertieft, dass Mrs. Pauly und ich ungestört miteinander reden konnten.

Laut Mrs. Pauly ist Danny ein äußerst hilfsbereites Kind. Wenn sie zum Beispiel den Boden fege, stehe er schon mit ausgestreckten Armen bereit, um zu übernehmen. Beim Wäscheaufhängen reiche er ihr die Wäsche aus dem Korb, beim Kochen übernehme er das Rühren. Davon abgesehen möge er Musik. Mit Sarah, seiner Pflegeschwester, singe er des Öfteren (immer beim Kuchenbacken), mit seinen Pflegebrüdern höre er Schallplatten und zu seinem Geburtstag wünsche er sich eine Trommel oder ein Banjo. Mrs. Pauly betonte, dass Danny der Liebling der Familie sei.

Sie glaubt auch, dass er zu verstehen beginnt, dass er anders ist, sich von den meisten Menschen in Green Bay unterscheidet. Wenn er etwa Neger im Fernsehen sieht, sage er, dass sie seine Freunde seien. Aber noch habe das keine größeren Auswirkungen auf sein Verhalten.

Das Problem seiner Rasse scheint Mrs. Pauly und ihren Mann sehr zu beschäftigen. Ihre Familie habe Danny vollkommen akzeptiert, erklärte sie, ihnen sei es nicht wichtig, wie jemand aussehe, sondern was er denke, fühle und wie er handle. Für sie sei Danny Danny. Leider, fügte sie hinzu, sei das nicht bei allen so.

30. 12. 1957

Hausbesuch/Familie Pauly, 15 Uhr: Die gesamte Familie Pauly war anwesend. Sarah und Danny hatten gebacken. Danny zeigte mir die Sugar Cookies, die er dekoriert hat, dann brachte er alle Spielsachen ins Wohnzimmer, die er zu Weihnachten bekommen hat. Sein Lieblingsspielzeug ist eine kleine farbige Puppe, die ihm Mrs. Pauly geschenkt hat.

Danny ist ein fröhliches, äußerst warmherziges Kind.

02.06.1958

Hausbesuch/Familie Pauly, 16 Uhr: Danny spielte während des gesamten Besuchs im Garten. Hin und wieder kam er zu uns gelaufen, um sich ein Glas Saft zu holen oder einen Keks.

Mrs. Pauly wirkte äußerst angespannt. Sie sorgt sich sehr um Dannys Zukunft. Ein paar seiner Freunde hatten ihn wegen seiner Hautfarbe verspottet, nun befürchtet sie, dass dies ein großes Problem werden wird, wenn er in die Schule geht. Es verletzt sie zutiefst, dass Danny wegen seines Aussehens gehänselt wird. Leider kann sie ihn davor nicht schützen, so sehr sie es auch möchte. Sie ließ anklingen, dass sie und Mr. Pauly noch immer über eine Adoption nachdenken. Leider hat sich ihre finanzielle Situation nicht verbessert.

Eine Kleiderbestellung wurde aufgegeben: 3 Paar kurze Hosen, eine leichte Jacke, 3 dünne Hemden und ein Paar Sportschuhe.

10.06.1958

Brief von Richter Gleason: Nachdem ich die Kleider-bestellung abgeschickt hatte, erhielt ich einen Brief von Richter Gleason. Er erkundigte sich nach der leib-lichen Mutter, ob wir noch mit ihr Kontakt hätten und sie ihren Sohn möglicherweise finanziell unter-stützen könnte.

Brief an Richter Gleason: Ich schrieb ihm, dass wir das letzte Mal mit Miss Truttman vor mehr als vier Jahren Kontakt gehabt hätten. Sie hat ihren Sohn seit seiner Geburt im Juli 1953 nicht mehr gesehen und auch nie nach ihm gefragt.

24.06.1958

Brief von Richter Gleason: Er glaube nicht, von der
Mutter irgendwelche finanziellen Zuwendungen erwarten
zu können. Unter diesen Umständen bevollmächtige
er uns, ab sofort alle nötigen Anschaffungen für Daniel
Truttman nach eigenem Ermessen zu besorgen.

30.06.1958

Termin/Adoptionskomitee, 9 Uhr: Ich präsentierte dem
Adoptionskomitee den Fall Daniel Truttman in der Hoffnung, eine Empfehlung für ein weiteres Vorgehen zu
erhalten. Ich betonte, dass es sich um einen farbigen
Jungen handelt, der in einer rein weißen Umgebung
aufwächst.
Das Komitee schlug Folgendes vor: Daniel soll bei den
Paulys bleiben, bis er das Highschool-Alter erreicht
hat. Dann könnte er auf ein Internat für farbige Jungen
geschickt werden, wo er die Möglichkeit hätte, sich
mit seinesgleichen auszutauschen, ohne auf die Sicherheit der Familie Pauly verzichten zu müssen.
Außerdem hätte er einen Ort, an den er während der
Ferien zurückkehren könnte.
Das Komitee war der Ansicht, dass Daniel sehr viel Glück
gehabt hat. Ein solches Zuhause wie das der Paulys
zu finden, sei für viele Kinder wie ihn unmöglich; die
meisten blieben in Erziehungsanstalten, bis sie voll-
jährig seien.

10. 07. 1958

<u>Telefonat m. Mrs. Pauly</u>: Mrs. Pauly hatte eine außergewöhnliche Anfrage: Sie wollte wissen, ob wir Daniel Tanzunterricht bezahlen würden. Sie ist der Ansicht, dass er für sein Alter ein äußerst gutes Rhythmusgefühl hat. Aus diesem Grund möchte sie ihn in eine Tanzschule schicken. Danny habe große Lust dazu.
Nach Rücksprache mit Miss Murphy musste ich ihr diese Bitte leider abschlagen. Unsere Unterstützung bezieht sich ausschließlich auf Dinge des täglichen Bedarfs.

17. 11. 1958

<u>Hausbesuch/Familie Pauly, 16 Uhr</u>: Danny wartete schon am Fenster auf mich. Er nennt mich nun „Allie", ich bin seine „Freundin". Er hatte sich feingemacht, trug eine Sportjacke und eine graue Flanellhose. Er wies mich wiederholt darauf hin, wie neu die Sachen seien. Dann führte er mir einen Stepptanz vor, den er in der Tanzschule gelernt hat. Er geht seit September in die Tanzschule von Miss Ledvina. Es scheint ihn glücklich zu machen, etwas tun zu können, was seine „Ma" stolz macht.
Nachdem er sich in sein Zimmer zurückgezogen hatte, um zu spielen, fragte Mrs. Pauly, ob wir noch mit Miss Truttman, der leiblichen Mutter Daniels, Kontakt hätten. Ich antwortete, dass unser Kontakt abgebrochen sei, ganz offensichtlich habe sie an Daniel kein Interesse. Ich sagte, dass wir nicht erwarten, dass sich dies ändert, Danny werde wohl bis zu seiner Volljährigkeit ein Pflegekind bleiben.

Mrs. Pauly schien meine Antwort etwas zu beruhigen. Sie fragte, ob man Daniels Familiennamen wirklich nur durch eine Adoption ändern könne. Diese Frage musste ich bejahen. Mrs. Pauly seufzte. Sie seien auf die staatlichen Unterhaltszahlungen angewiesen, daher könnten sie Danny leider nicht adoptieren.

06. 01. 1959

Hausbesuch/Familie Pauly, 17 Uhr: Ich wurde wieder von Danny an der Tür empfangen. Danny ist nun ein richtiges Energiebündel: Er rennt im ganzen Haus umher, hüpft oder tanzt, außerdem gestikuliert er wild und plappert ununterbrochen vor sich hin. Mrs. Pauly ist ihm gegen-über sehr geduldig. Dies spiegelt sich in seiner Aus-geglichenheit wider – wenn er denn mal stillsitzt.
Mrs. Pauly bat Danny, für mich zu tanzen. Dieser Bitte kam er sofort nach. Er ist wirklich sehr talentiert!
Mrs. Pauly ist davon überzeugt, dass er noch vor seiner Einschulung ein guter Tänzer sein wird. Dies ist ihr wichtig, da sie glaubt, dass es ihm dabei helfen wird, sich weniger minderwertig zu fühlen (was seine Haut-farbe betrifft). „Wenn er so weitermacht", sagte sie lachend, „wird er noch am Broadway landen!"
Die Paulys sind nicht vermögend, sie kommen gerade so über die Runden. Wie sehr sie sich um Dannys Zukunft sorgen, sieht man daran, dass sie seine Tanzstunden selbst bezahlen. Hätten sie ein größeres Einkommen, würden sie ihn sofort adoptieren.
Danny ist, obwohl er eindeutig Mrs. Paulys Liebling ist, weder verwöhnt noch ungehorsam oder selbstsüchtig, sondern, im Gegenteil, hilfsbereit und gutmütig. Ehe wir

uns setzten, brachte er mir seine neuen Kleider, um sie mir vorzuführen. Er ist (wie das Ehepaar Pauly) sehr stolz auf seine Größe (er ist größer und schlanker als die meisten Kinder seines Alters).

04. 05. 1959

Hausbesuch/Familie Pauly, 16 Uhr: Mrs. Pauly bat um diesen Termin, da sie und ihr Mann nun eine Adoption Dannys ernsthaft in Erwägung ziehen. Seine Einschulung steht bevor, und sie machen sich Sorgen, dass er als Pflegekind und ohne richtige Eltern gehänselt wird. Zudem sieht er anders aus als die anderen Kinder.
Ich fragte, ob sie sich ein Leben ohne staatliche Unterstützung leisten können. Mrs. Pauly antwortete, dass sie es schon irgendwie schaffen würden. Ihr Cousin (Pater Rose) habe angeboten, auszuhelfen.
Da Danny unruhig wurde und das Gespräch unterbrach – er wollte mir einen Tanz vorführen, den er gelernt hat –, verschoben wir die Besprechung auf Donnerstag, den 14. Mai 1959. Mrs. Pauly bekräftigte, sie werde die Angelegenheit noch einmal mit der ganzen Familie besprechen. Sie habe ein paar kleine Bedenken, da Danny bei ihnen in einer durch und durch weißen Umgebung aufwachsen würde.
Ehe sich Mrs. Pauly und Danny verabschiedeten, drückte mir der Kleine einen Kuss auf die Wange. Er ist wirklich ein bezauberndes Kind!

14. 05. 1959

Termin/Mrs. Pauly, 17 Uhr: Mrs. Pauly und Danny kamen
im Büro vorbei. Sie waren vorher einkaufen gewesen, und
Danny erzählte mir von ihren Abenteuern im Toyland.
Er war wie üblich äußerst adrett gekleidet und verhielt
sich dementsprechend – er ist ein kleiner Charmeur.
Da Mrs. Pauly über seine Adoption sprechen wollte,
schickten wir ihn aus dem Büro. Miss Everson versprach,
auf ihn aufzupassen.
Mrs. Pauly berichtete, die Angelegenheit gründlich
besprochen und durchdacht zu haben. Die ganze Familie
stehe hinter einer Adoption. Sarah, ihre Älteste,
habe angeboten, Danny Kleider zu nähen, ihre Söhne
wollen mit Spielsachen helfen, und Pater Rose
habe angedeutet, dass er ihnen finanziell unter die
Arme greifen werde. Mrs. Pauly war sehr aufgeregt,
die Freude und Erleichterung waren ihr deutlich anzusehen.
Ich erklärte Mrs. Pauly, dass die Anwaltskosten
normalerweise zwischen 75 und 150 Dollar betragen, aber
in Härtefällen würde der Anwalt des Sozialdienstes,
Mr. Shultz, weniger verrechnen. Ich sagte ihr auch, dass
es in Fällen wie diesem am klügsten sei, vorher mit
der leiblichen Mutter Kontakt aufzunehmen, um Kompli-
kationen vor Gericht zu vermeiden. Ich versprach,
Miss Truttman noch diese Woche anzurufen und mit ihr
die Aufgabe des Elternrechts zu besprechen. Allerdings habe sie jeden Kontakt mit uns abgebrochen, daher
sei es schwierig vorherzusagen, wie sie reagieren
werde. Mrs. Pauly zeigte sich sehr verständnisvoll.
Einfach sei das alles sicher nicht, außerdem
habe es damals einige Probleme gegeben.

Wir waren uns einig, Danny noch nichts von der Adoption zu erzählen.

19. 05. 1959

Telefonat m. Miss Truttman: Ich rief Miss Truttman an, um vorzufühlen, ob sie ihre Elternrechte an Daniel aufgeben würde. Ohne zu zögern, erklärte sie, dass sie das schon die ganze Zeit habe tun wollen, wir dies aber nicht akzeptiert hätten. Sie sagte, von ihrer Seite aus gebe es nichts mehr zu besprechen. Sie sei sich bereits seit geraumer Zeit sicher, dass eine Aufgabe der Rechte das Beste für alle Beteiligten wäre.
Da aus den Unterlagen nicht hervorgeht, wer der Kindsvater ist, fragte ich noch einmal nach. Miss Truttman erklärte, der Vater des Kindes sei damals 26 Jahre alt gewesen, von indianischer und belgischer Abstammung. Er sei ungefähr 1,80 m groß gewesen, schlank, mit blauen Augen, braunen Haaren und einer großen Nase. Sein Name lautete George. Sie sagte, den Nachnamen kenne sie nicht, und legte grußlos auf.

25. 05. 1959

Telefonat m. Mrs. Bellin: Da ich Miss Truttman zu Hause nicht erreichen konnte, rief ich Dannys leibliche Großmutter Anne Bellin an. Mrs. Bellin erklärte, dass ihre Tochter tagsüber als Sekretärin bei Berendsen's arbeite, aber abends telefonisch zu sprechen sei. Über ihren Enkelsohn wollte sie nichts sagen.
Ich probierte es einige Male am Abend, Miss Truttman ging leider nicht ans Telefon.

29. 05. 1959

Hausbesuch/Familie Pauly, 16 Uhr: Ich suchte die Paulys
auf, um Mrs. Pauly von meinen vergeblichen Versuchen
zu berichten, mit Miss Truttman über die Adoption
zu sprechen. Ich sagte, dass es vermutlich besser wäre,
wenn sie die leibliche Mutter selbst kontaktiert.
Mrs. Pauly sagte, das werde sie tun. Sie teilte mir auch
mit, dass ihr Cousin die Anwaltskosten übernehmen
werde. Danach zeigte sie mir die Kleider, die ihre Tochter Sarah für Danny genäht hat (Danny war während
meines ganzen Besuchs im oberen Stock, Kuchen backen).
Die Familie ist gerade dabei, die Wände zu streichen,
das alte Haus, wie Mrs. Pauly sagte, „aufzumöbeln". Neue
Vorhänge habe sie bereits genäht, auch neue Kissen-
überzüge. An einem Teppich arbeite sie noch. Danny freue
sich schon sehr auf „sein neues Haus", aber Frank
und ihre Söhne malten immer nur in den Abendstunden,
deshalb gehe es recht langsam voran. Sie entschuldigte
sich für die Unordnung.
Offensichtlich ist die Familie Pauly eine gute, stabile
Familie.

08. 06. 1959

Termin/Dr. R. Martin, 9 Uhr: Ich traf Mrs. Pauly und
Daniel bei Dr. Martin für eine abschließende Unter-
suchung.
Daniel ist 23 Kilogramm schwer und 125 Zentimeter groß.
Der Arzt befand, dass das Kind gesund und kräftig
ist. Den Seh- und Hörtest bestand Daniel mit Bravour.
Dr. Martin erklärte, dass nichts gegen eine Adoption
spräche.

23. 06. 1959

Termin/Gerichtsverhandlung, 11 Uhr: Bei der Gerichtsverhandlung bezüglich der Aufgabe der Elternrechte
waren Miss Carol Truttman, die leibliche Mutter des
Kindes, Mrs. Nicholas Bellin, die leibliche Großmutter, und das Ehepaar Frank und Irene Pauly anwesend.
Miss Truttman gab ihr schriftliches Einverständnis
zur Aufgabe ihrer Elternrechte. Mr. und Mrs. Frank Pauly
wurde das alleinige Sorgerecht zugesprochen.
Daran anschließend unterschrieb Mr. Pauly einen Antrag
zur Adoption Daniel Truttmans. Die Adoption wird
Anfang September rechtskräftig sein. Brown County wird
für Daniels Betreuung nichts mehr in Rechnung
gestellt. Mr. Frank Pauly trägt nun die volle finanzielle
Verantwortung für das Kind.

04. 09. 1959

Daniel Truttman ist ab sofort Daniel Pauly. Mr. und
Mrs. Pauly wurden darüber informiert, dass wir
nicht mehr von uns aus mit ihnen in Kontakt treten
werden. Eine Betreuung ist nicht länger nötig.

Fall geschlossen: 04-09-59

Ich musste den Nachtbus nehmen; die Intervalle waren lang, die Busse fuhren im 30-Minuten-Takt. Ich setzte mich auf die Bank, es machte mir nichts aus, zu warten. Die Nacht war warm, die Lichter der Straßenlaternen erhellten den Nachthimmel, ließen ihn blaugrau schillern. Ich erinnere mich noch heute an diese Farbe, sie prägte sich mir ein als der farbige Untergrund der Geschichte, die mir Silvia zum Abschied mitgegeben hatte. Am Anfang dieser Geschichte steht ein Bild, nein, das Bild *ist* die Geschichte – ein langer schmaler Flur. Das Licht der Wandlampen ist schwach und gelb. Rauchschwaden hängen in der Luft. Die Decke ist schwarz, die Wände sind blau, durchzogen von grauen Schatten. Zwei Türen sind zu sehen, eine ist geöffnet. Durch die geschlossene dringen tiefe Stimmen, gedämpftes Reden, Lachen. Von der Bühne am Ende des Ganges ist Musik zu hören. Eine Frau in einem dicken Wintermantel steht vor der geschlossenen Tür. Sie starrt auf die Klinke. Ein Bühnentechniker drängt sich an ihr vorbei, dann die Garderobiere. Sie weicht ihnen aus, entfernt sich von der Tür. Nähert sich erst wieder, nachdem sie sich vergewissert hat, dass sie allein ist. Sie hebt die Hand, um zu klopfen, als eine Kellnerin auftaucht. Wieder weicht die Frau aus. Ein anderer Bühnentechniker, der den Gang zügig durchschreitet, wirft ihr einen neugierigen Blick zu. Sie dreht sich weg, wartet, bis er verschwunden ist, ehe sie die Hand erneut auf die Klinke legt. Ein Geräusch aus dem Zimmer schreckt sie auf, ein paar Schritte, die sich der Tür nähern. Sie lässt die Klinke los, hetzt ans Ende des Ganges, flüchtet durch die Verbindungstür.

Der Flur ist wieder leer. Das Licht in den Wandleuchten
flackert.

Silvia sagte, Marlene habe nie mit Jimmy Jordan gesprochen. Sie sei am 19. Dezember 1953 in Milwaukee gewesen,
im *Flame*, und sie habe dem Jazz-Trio zugehört, aber sie habe nicht mit Jordan gesprochen, weder mit ihm noch mit
Buddy oder Maurice. Sie habe all ihren Mut zusammen-
genommen, um den Club zu betreten, sich beim Manager
nach Jordan zu erkundigen, sich an die Bar zu setzen und
dort neunzig Minuten auszuharren. Als das Konzert zu Ende war, sei sie zwar zur Künstlergarderobe gegangen, doch
ihr Mut sei aufgebraucht gewesen. Jordan gegenüberzutre-
ten, ihm aus nächster Nähe ins Gesicht zu sehen und mit
ihm zu sprechen, habe sie nicht gewagt. Warum, habe Silvia
sie gefragt, warum habe sie sich nicht getraut. Marlene habe
den Kopf geschüttelt. Wer könne das schon sagen, habe sie
gemurmelt und geschwiegen. Dann habe sie gesagt, sie habe die ganze Zeit das Gefühl gehabt, etwas Verbotenes zu
tun, eine Schwelle zu überschreiten, die nicht überschritten
werden darf. *Wer hat Angst vorm Schwarzen Mann?*
   Sie habe nie mit Jimmy Jordan gesprochen, wiederholte
Silvia, das müsse ich Danny sagen; ich müsse ihm sagen,
dass sich die Sozialarbeiterin MW nicht von einer mögli-
chen Vaterschaft Jordans überzeugt hatte, obwohl sie dies
so in ihrem Bericht angab. Sag Danny auch, bat sie mich,
dass MW dies nur deshalb diktierte, weil sie nicht zugeben
wollte, dass sie zu viel Angst hatte, um mit einem Afroamerikaner zu sprechen.
   Silvia begleitete mich zum Haustor. Es war abgesperrt.
Sie schloss es auf und gab mir die Hand. Diesmal war sie
es, die mich zum Aufbruch drängte, und ich wehrte mich

nicht. Ich erinnere mich, sie gemocht zu haben, Silvia, *l'artiste invisible*, die, ihrem Wesen gemäß, im Nichts verschwand, nachdem sie ihren Auftrag erledigt hatte.

Ich brauchte eine Stunde nach Hause, legte mich sofort ins Bett, konnte aber nicht schlafen. Ich stand auf und machte mich daran, einen Brief zu schreiben, denn das, was ich zu sagen hatte, hätte den Rahmen einer E-Mail gesprengt. Um fünf Uhr morgens, die Sonne begann ihre Wanderung über die Dächer, gab ich auf und schlief ein.

Die folgenden Tage setzte ich mich immer wieder an den Brief, kam aber nicht weit, ich scheiterte schon am Anfang. Ich wusste nicht, wie ich beginnen sollte. Mit einer Entschuldigung für mein langes Schweigen? Mit einer unschuldigen Frage nach dem Wohlbefinden? Plötzlich war mir bewusst, wie viel Zeit zwischen meinem Aufenthalt in Green Bay und dieser Antwort verstrichen war; was, wenn sich Dannys Zustand in der Zwischenzeit verschlechtert hatte, was, wenn dies der Grund dafür gewesen war, dass sich Joan nicht gemeldet hatte? Was, wenn sie meine Nachricht zu spät erreichte? Mein Versäumnis erschien mir unverzeihlich, das Schweigen, das ich hatte anwachsen lassen, unbezwingbar.

Kurioserweise war es ausgerechnet Donald Trump, der mir einen Ausweg aus meinem Dilemma bot: Ein paar Wochen nach meinem Treffen mit Silvia gewann er die Präsidentschaftswahl, und ich wusste plötzlich, wie ich das Gespräch mit Joan wiederaufnehmen konnte. Sie war eingetragene Demokratin, vermutlich hatte sie auch bei dieser Wahl an die Türen geklopft oder mitgeholfen, Stimmen auszuzählen. Ich schickte ihr eine *Beileidsbekundung* per E-Mail, drei Zeilen, nicht mehr. Sie antwortete sofort:

Much appreciated. Darunter die Frage: *When will I see you again?*

Ich hatte nicht vorgehabt, nach Amerika zu fliegen, *America first*, nicht für mich, und doch tippte ich die Worte: Deshalb schreibe ich dir heute, ich komme nächste Woche.

Sie erwiderte: Wenigstens eine gute Nachricht in diesen dunklen Zeiten.

Green Bay hatte sich nicht verändert. Vier Jahre waren seit meinem letzten Besuch vergangen, diesmal war es Ende November, als ich aus dem Flugzeug stieg, der Wind war kalt, und es schneite. Die Flocken waren breit und flach; sie segelten durch die Luft wie gefrorene Flügelflieger. Joan wartete in der Ankunftshalle auf mich, ich erkannte sie sofort, aber als ich sie umarmte, schien mir, wenn auch nur für einen Moment, ich sähe sie zum ersten Mal.

Joan lächelte und fragte, ob ich gekommen sei, um mein Bild abzuholen. Ich musste lachen; ich nickte. Während wir zu ihrem Auto stapften, warf sie einen skeptischen Blick auf meinen Koffer und sagte, für zwei Wochen sei der aber verdammt klein. Ich zuckte mit den Schultern und fragte, wie es ihnen gehe. Ich sagte, *how are you*, ich hätte *how are you guys* sagen müssen, so bezog sie die Frage nur auf sich. Sie sagte, *fine*, wiederholte, *fine, really*, doch ich glaubte ihr nicht.

Ist alles gut bei euch, hakte ich nach, mich erinnernd, dass Joan manchmal zum Sprechen gedrängt werden musste. Sie verzog ihren Mund. Du meinst, vom Präsidenten abgesehen?

Wir blieben vor ihrem Chevy stehen, der, wie ich durch das Fenster feststellen konnte, noch immer einer Mülltonne glich. Sie steckte ihren Schlüssel ins Schloss, die Tür öffnete sich mit einem Knacken. Wir stiegen ein, sie fuhr los, und ich schaltete das Radio ein; Bruce Springsteen war mitten in einem Song. Ist das euer Nationalbarde?, fragte ich. Sie schmunzelte.

Listen, sagte sie. Dein altes Zimmer ist besetzt, dafür haben wir jetzt ein Gästezimmer. Ich warf ihr einen fragenden Blick zu. Danny wohnt wieder zu Hause, sagte sie.

Sie stieg aufs Gas. Der Highway war leer, in der Ferne schimmerte eine rote Scheune. Wir fuhren unter einem unerbittlich grauen Himmel, während Felder und Wiesen an uns vorbeizogen und eine Ebene bildeten, die von den fallenden Flocken vergrößert wurde –

ins scheinbar Unendliche.

Mein besonderer Dank gilt EJ, ohne ihn hätte ich weder Danny noch Green Bay kennengelernt.

Quellenangaben

Die Zitate im ersten und dritten Kapitel des Romans stammen aus Gaston Bachelards *Poetik des Raumes*. Im fünften Kapitel habe ich einen Satz aus Ingeborg Bachmanns Roman *Malina* modifiziert. Im selben Kapitel befinden sich Zitate aus: *Ilse Arlt – (Auto)biographische und werkbezogene Einblicke*, hg. von Maria Maiss und Silvia Ertl (erschienen 2011), *Die Anwendung der Ähnlichkeitsmethode in der Rassenbestimmung* von Wladimir Iwanowicz (Anthropologischer Anzeiger 1933), *Das Parallelometer, ein neues Instrument zur Messung der Ohrhöhe* von B. K. Schultz (Anthropologischer Anzeiger 1934), *Ansatzstück für das Somatometer zum Messen der Armlänge und der Ohrhöhe des Kopfes* von Sophie Erhardt (Anthropologischer Anzeiger 1932), *Zur Messung der Schädelkapazität mit Senfkörnern* von Emil Breitinger (Anthropologischer Anzeiger 1936), *Frauen und Rassenkunde. Ein Beitrag zur Geschichte der anthropologischen Disziplinen an der Universität Wien 1870-1945* von Brigitte Fuchs (erschienen 1996), *Aspekte der Erbbiologie und die Entwicklung des rassenkundlichen Gutachtens in Österreich bis 1938* von Maria Teschler-Nicola (in: Vorreiter der Vernichtung? Eugenik, Rassenhygiene und Euthanasie in der österreichischen Diskussion vor 1938, hg. von Heinz Eberhard Gabriel, erschienen 2005) sowie *Letzte Bilder. Die »rassenkundliche« Untersuchung jüdischer Familien im Ghetto Tarnów 1942* von Margit Berner (erschienen 2020).